SUR

LES PROPRIÉTÉS

D'ORIGINE NATIONALE.

DIFFICULTÉS

QUI PEUVENT ENCORE S'ÉLEVER

RELATIVEMENT

AUX PROPRIÉTÉS D'ORIGINE NATIONALE,

ET PROJET D'UNE NOUVELLE LOI POUR PRÉVENIR CES DIFFICULTÉS;

PAR A. J. LHERBETTE,

DOCTEUR EN DROIT.

PARIS.

BAUDOUIN FRÈRES, IMPRIMEURS-LIBRAIRES,

RUE DE VAUGIRARD, N° 36.

1820.

DIFFICULTÉS
QUI PEUVENT ENCORE S'ÉLEVER
RELATIVEMENT
AUX PROPRIÉTÉS
D'ORIGINE NATIONALE,
ET PROJET D'UNE NOUVELLE LOI POUR PRÉVENIR CES DIFFICULTÉS.

La sûreté des propriétés privées est sans contredit une des principales conditions pour la tranquillité publique.

Parmi ces propriétés, celles qu'on appelle *nationales*, devant leur origine à des variations politiques, se liant dès-lors à ces variations, devinrent naturellement à chaque mutation de gouvernement, ou de gouvernans, l'objet d'inquiétudes toujours renaissantes et de garanties toujours renouvelées.

Ces garanties, formellement énoncées dans la plupart des constitutions qui nous ont régis, font aussi la matière d'un article spécial de la Charte.

Cependant ces dispositions n'ont point paru suffisantes à nos législateurs. Une loi, rendue le 12 mars dernier, vient de montrer combien est ardent le désir qu'ils ont d'ôter tout sujet d'inquiétude. Lorsqu'ils s'efforcent ainsi de multiplier les garanties, c'est évidemment seconder leurs vues que de leur présenter quelque difficulté à résoudre, quelque projet à méditer.

Leur sollicitude et celle de leurs prédécesseurs ne me paraît s'être dirigée que vers la question *du fond*, et non vers *celle de la forme*. Je crois utile d'appeler leur attention sur cette dernière question, dont la solution n'est pas moins intéressante que celle de la première.

J'ai conçu l'idée de cet opuscule en lisant la loi du 12 mars dernier. Pour que la proposition que je vais faire d'une nouvelle loi produise le plus de bien possible, il faut que cette proposition soit faite dans le moment où elle peut être mise à exécution, il faut que la loi soit requise dans le moment où les pouvoirs législatifs sont assemblés, il faut en un mot que mon travail paraisse avant la fin de la session des Chambres. La brièveté du temps qui me reste, comparée avec la longueur des recherches que je dois faire, afin de donner quelque poids au projet de loi que je présente, me servira sans doute d'excuse si je tombe dans quelque erreur, et devra, dans tous les cas, faire juger avec plus d'indulgence les imperfections de mon travail.

En analysant les lois sur les propriétés nationales, je n'examinerai point ce qui est nécessaire pour donner à une disposition le caractère de *loi*, par qui elle doit être présentée, par qui délibérée, par qui consentie ; je ne rechercherai pas quel principe d'équité ou d'utilité aurait dû présider à leur confection; je les prendrai telles qu'elles sont, et je tâcherai seulement de découvrir si elles doivent être regardées comme suffisantes, et, en cas de négative, ce qui serait nécessaire pour les compléter.

Quelles que soient mes opinions politiques, j'en fais entièrement abstraction. Les diverses décisions sur les biens nationaux ont été portées sous des régimes entièrement opposés : je les envisagerai toutes en elles-mêmes, sans égard aux temps où elles ont été publiées : je les discuterai comme je discuterais celles d'un temps et d'un pays éloignés.

La Charte constitutionnelle est la dernière loi qui se soit occupée, d'une manière générale, du maintien des propriétés nationales. En l'examinant, je suis loin de vouloir l'attaquer : ce que je proposerai n'est point un changement, mais un complément à ce qu'elle a dit ; ou mieux, c'est un supplément à ses expressions, mais une explication de son esprit.

Elle s'exprime ainsi, art. 9 : « Toutes les pro-
» priétés sont inviolables, sans aucune exception de
» celles qu'*on appelle nationales*, la loi ne mettant
» *aucune différence* entre elles. »

Cette disposition donne lieu, selon moi, aux questions suivantes :

1re QUESTION.

Que signifient ces mots de *on appelle ?*

On ne peut évidemment signifier ici que *la loi.* Car toute autre dénomination qu'une dénomination légale ne serait pas uniforme, universellement adoptée dans le même sens, constante, possible à bien déterminer, et dès-lors ne pourrait être donnée comme règle dans une loi.

Il faut donc savoir si les lois ont bien déterminé ce qu'il faut entendre par les mots de *propriétés nationales.*

2e QUESTION.

La loi reconnaît les propriétés dites nationales,* comme les autres, sans mettre *aucune différence* entre elles.

Or, relativement aux autres, pour qu'il y ait propriété, il faut qu'elle s'appuie sur des titres; pour que les titres puissent l'appuyer, il faut qu'ils n'offrent aucune cause de nullité; pour qu'ils n'offrent aucune cause de nullité, il faut qu'ils aient été consentis *par ayant droit*, et *suivant les formes légales.*

Par ayant droit : Nul doute que la nation ne fût ayant droit pour aliéner les biens qui lui appartenaient : il suffisait qu'une loi fît connaître son intention à cet égard, en permettant l'aliénation. Il s'agirait donc seulement de savoir quels biens lui appartenaient, quels biens devaient être considérés comme nationaux, et quelles lois en permettaient l'aliénation : c'est ce que j'examinerai en traitant la première question.

Suivant les formes légales : Cette seconde question peut se diviser en deux parties :

1°. Quelles étaient les formalités exigées par les lois pour les aliénations de domaines nationaux ?

2°. L'inobservation de ces formalités entraîne-t-elle la nullité des actes d'aliénation ?

3e QUESTION.

Dans le cas où l'inexécution des formalités entraînerait la nullité des actes d'aliénation, qui pourrait se prévaloir de cette nullité ?

4e QUESTION.

Les questions précédentes offrent-elles encore aujourd'hui ou offriront-elles encore long-temps de l'intérêt ? Le temps nécessaire pour accomplir la prescription n'est-il pas déjà écoulé, ou ne le sera-t-il pas bientôt ?

5e QUESTION.

Quelle loi faudrait-il pour prévenir toute action ou toute exception contre les actes d'aliénation de propriétés nationales ?

PREMIÈRE QUESTION.

Les lois ont-elles bien déterminé ce qu'il faut entendre par les mots de propriétés nationales ?

Voici la définition qu'un décret de l'Assemblée constituante, en date du 22 novembre — 1er décembre 1790, article 1er, donne du *domaine national* :

« Le domaine national, proprement dit, s'entend » de toutes les propriétés foncières, et de tous les » droits réels ou mixtes qui appartiennent à la na- » tion, soit qu'elle en ait la possession et la jouis- » sance actuelles, soit qu'elle ait seulement le droit » d'y rentrer par droit de rachat, droit de rever- » sion, ou autrement. »

D'après les articles 2, 3, 5, 6 et 7, sont considérés comme faisant partie du domaine national :

1°. Toutes les portions du territoire qui ne sont pas susceptibles d'une propriété privée.

2°. Tous les biens demeurés vacans et sans maîtres, et ceux des personnes qui décèdent sans héritiers légitimes, ou dont les successions sont abandonnées.

3°. Les biens particuliers du prince qui parvient au trône, et ceux qu'il acquiert pendant son règne, à quelque titre que ce soit, ceux même qu'il acquiert à titre singulier, et dont il n'a pas disposé avant la fin de son règne.

Un décret du 2-4 novembre 1789 avait déjà mis

à la disposition de la nation tous les biens ecclésiastiques, et un arrêté de l'Assemblée constituante, du 12-20 août suivant, ch. 5, au commencement, avait dit, en conséquence, que « par domaines na-» tionaux, on entend deux espèces de biens : les » biens du domaine, proprement dit, et les biens » ci-devant ecclésiastiques. »

Un autre décret du 28 (23 et) octobre-5 novembre 1790, avait dit aussi, article 1er : « L'Assemblée natio-» nale décrète qu'elle entend par *biens nationaux* : » 1° tous les biens des domaines de la couronne; 2° tous » les biens des apanages; 3° tous les biens du clergé; » 4° tous les biens des séminaires diocésains (1). »

Tels étaient alors les biens dont se composait le domaine national; mais depuis, de nombreuses additions lui ont été faites : depuis, différentes lois ont déclaré appartenant à la nation, et mis à sa disposition :

1°. Tous les biens affectés au service de la liste civile (2);

2°. Tous les biens destinés à tous services d'utilité publique, et par conséquent aussi les biens destinés aux dépenses du culte (3);

---

(1) Voy. aussi D. du 9 mai-21 sept., art. 2 et 3. — D. du 13 août-21 sept., art. 1, 2, 9. — D. du 22 nov.-1 déc. 1790, art. 16. — D. du 21 dudit mois de déc. (13 août 20 et)-6 avril 1791, art. 2 et 9.—Constitution du 3-14 sept. 1791, tit. 1 et tit. 3, ch., 2 sect. 1, art. 9.—Loi du 8 nov. 1814, art. 20 et 21.

(2) V. D. du 6-8 sept. 1792. — D. du 1 fév. 1763, art. 5.—D. du 10 juin suiv., sect. 7.

(3) V. Const. du 3-14 sept. 1791, tit. 1.

3°. Les biens des communes (1) ;

4°. Les biens ayant appartenu aux divers ordres, communautés, corps, corporations, sous quelques dénominations que ce soit, qui tous avaient été supprimés, ou aux individus considérés comme membres de ces établissemens (2) ;

5°. Ceux des émigrés (3) ;

6°. Ceux des déportés (4) ;

---

(1) V. notamment D. du 10 juin 1793. — D. du 24 (15, 16, 17 et) août suiv., art. 91 et 92.

(2) V. notamment Const. de sept. 1791 au commencement, pour tous les ordres ou corporations de noblesse. — Et D. du 19-19 sept. 1792, art. 1, pour l'ordre de Malte en particulier.

D. du 2-17 mars 1791, art. 2 et 6. — Const. de sept. 1791, au commencement, pour les corporations de professions, arts et métiers.

Const. de sept. 1791, au commencement. — D. du 26 du même mois-16 oct. suiv., art. 1 et 2. — D. du 7-16 août 1792, art. 15. — D. du 18-18 du même mois, tit. 1, art. 1, et tit. 2, art. 1 pour les corporations religieuses en particulier.

D. du 10-18 fév. 1791. — D. du 19 août-3 sept. 1792, art. 1. — D. du 3 nov. 1793 (13 brum. an 2), pour ce qui concerne particulièrement les églises.

D. du 28 (23 et) oct.-5 nov. — D. du 3-10 déc. 1790. — D. du 18-18 août 1792, tit. 2, art. 1 et 2. — D. du 8 mars 1793, art. 1, pour ce qui concerne particulièrement les établissemens d'instruction publique, etc., etc.

(3) V. D. du 2-6 sept. 1792, art. 1 et 3. — D. du 1 fév. 1793, art. 5. — D. du 3 juin 1793, art. 1. — Const. du 13 déc. 1799 (22 frim. an 8), art. 93.

(4) V. D. du 17 sept. 1793. — D. du 12 mars 1794 (22 ventose an 2.)

7°. Ceux des personnes mises hors de la loi (1);

8°. Enfin, tous les biens confisqués pour quelque cause et de quelque manière que ce soit (2).

Quant à qui concerne l'aliénation des biens du domaine national, plusieurs lois l'ont ordonnée d'une manière générale (3); et en outre, les mêmes lois qui réunissaient des biens à ce domaine, commandaient aussi spécialement l'aliénation de ces biens (4).

D'après cela, il ne reste aucun doute relativement aux *classes de biens* qui doivent être regardées comme nationales : mais il en peut rester encore relativement à des *biens individuellement*, relativement à des biens qui à tort auraient été compris dans ces classes, et aliénés comme tels, dont la nation aurait disposé sans en être devenue préalablement propriétaire par aucune loi, ni par aucun acte, et surtout relativement à des biens qui auraient été vendus avec erreur dans les noms ou dans la personne des propriétaires sur qui l'on vendait après confiscation.

Un décret a décidé la question dans un cas particulier, dans celui des ventes par loteries nationales : c'est le décret du 7 messidor an 3 (25 juin 1795), relatif aux meubles et immeubles qui seraient re-

---

(1) V. D. du 1 août 1793, art. 5.

(2) V. D. du 16 déc. 1793 (26 frim. an 2), art. 1.

(3) V. notamment D. du 9 juillet (25, 26, 29 juin et)-25 juillet, art. 1. — D. du 12-20 août, ch. 5. — D. du 28 oct. (23 et)-5 nov., tit. 1, art. 2 et suiv. — D. du 22 nov.-1 déc. 1790, art. 8.

(4) V. tous les décrets cités plus haut.

connus ne pas devoir être compris dans le prospectus de ces loteries. Il porte, art. 2 : « Si la réclama- » tion en restitution de quelques maisons ou effets est » postérieure au tirage de la loterie, *l'aliénation » des maisons ou effets tiendra*, et le montant sera » restitué aux anciens propriétaires, conformément » aux lois sur la vente des domaines nationaux. »

Mais on ne peut d'un principe particulier tirer une conséquence générale. La disposition de ce décret ne concerne que les ventes par loteries, est une exception aux principes généraux du droit, est dès-lors de droit strict, et s'applique seulement au cas qui s'y trouve spécifié. De plus, les raisons de décider sont-elles les mêmes dans ces ventes et dans les autres ? N'existe-t-il pas, au contraire, une raison qni a pu faire admettre pour celles-là un principe qu'on n'appliquerait pas à celles-ci ? Ne peut-on pas dire que dans les unes, l'acquéreur, incertain du bien qui lui adviendrait, n'a pas pu prendre communication du titre qui en rendait la nation propriétaire; et que dans les autres, il a toujours eu cette faculté; que cette position différente de l'acquéreur a pu amener une décision différente ?

En faveur de la généralisation du principe que l'aliénation nationale suffit pour donner au bien le caractère de propriété nationale, on argumente de l'art. 94 de la Constitution du 22 frimaire an 8 (13 décembre 1799), qui s'exprime ainsi : « La » nation française déclare qu'après une vente légale-

» ment consommée de biens nationaux, *quelle qu'en* » *soit l'origine*, l'acquéreur légitime ne peut en être » dépossédé; sauf aux *tiers réclamans à être, s'il y a* » *lieu, indemnisés par le trésor public.* » Or, dit-on, les biens étant toujours vendus francs et quittes de tous droits, dettes, priviléges et hypothèques, les mots de *tiers réclamans* ne désignent ici que les propriétaires, qui, d'après cette disposition, dans aucun cas, même dans ceux où leur bien aurait été vendu indûment, ainsi que le montrent ces mots de *quelle qu'en soit l'origine*, ne peuvent que réclamer une indemnité.

Mais, même en admettant cette explication du mot de *tiers réclamans*, ne pourrait-on pas répondre que la loi s'est occupée du cas où une indemnité était allouée au propriétaire par les lois; comme, par exemple, du cas où un bien était pris pour cause d'utilité publique; ou bien que la loi, pour donner plus de force au gouvernement, pour lui fournir les moyens de gagner ceux des anciens propriétaires dont il aurait besoin, pour engager ceux-ci à se rattacher au gouvernement, a voulu laisser à ce dernier la faculté de les relever des condamnations prononcées contre eux, et de leur allouer une indemnité, en maintenant cependant les ventes, pour ne pas troubler la tranquillité publique, et qu'il n'est aucunement question dans la loi des biens qui auraient été vendus par la nation sans qu'aucun acte préalable l'en ait rendue propriétaire; que ces expressions de *quelle qu'en soit l'origine* ne s'appliquent pas à ces derniers biens, qu'elles signifient les biens dont la nation a eu la propriété, quelle que soit la source de cette propriété, qu'ils aient fait partie des biens du domaine primitif ou des réunions sus-énoncées qui y avaient été faites, que ceux qui proviennent de ces réunions soient de première ou de seconde origine ; enfin que ce qui prouve qu'il n'est point parlé dans la loi des biens que la nation aurait aliénés sans en être propriétaire, ce sont ces mots commençant l'art. cité, « *après une vente lé-* » *galement consommée de* BIENS NATIONAUX, etc. ; » que les biens vendus par la nation, sans qu'elle en fût propriétaire, n'étaient pas biens nationaux, et que dès-lors (1) il n'en est point question dans cet article ?

Je n'offre ces objections que comme des doutes ; mais je crois que, pour trancher toute difficulté à cet égard, il faudrait qu'une nouvelle loi généralisât le principe porté par la loi du 7 messidor an 3, relativement aux biens vendus par loteries nationales. Je rappellerai cette proposition en traitant la cinquième question.

---

(1) La jurisprudence fait, au sujet de ces biens vendus induement, une distinction entre ceux qui l'ont été sans enchères, et ceux qui l'ont été sur enchères. Comme la jurisprudence ne forme point loi, je n'examinerai point ici les motifs de cette distinction: je pense au surplus qu'il serait bon que la loi ôtât, en termes formels, tout recours contre toutes les ventes en général, aussi bien contre celles qui ont été faites sans enchères, que contre celles qui l'ont été sur enchères.

DEUXIÈME QUESTION.

Des formalités exigées par les lois pour les aliénations de domaines nationaux.

Je n'examinerai la question que relativement aux actes d'aliénation les plus fréquens, relativement aux actes de vente; les autres étant trop rares pour que je m'y arrête dans un travail aussi rapide. Au surplus, les principes généraux que je poserai en traitant des actes de ventes, serviraient pour les difficultés qui s'élèveraient sur les autres actes d'aliénation.

PREMIÈRE PARTIE.

Quelles étaient les formalités exigées par les lois pour les aliénations de domaines nationaux?

Je vais mettre sous les yeux du lecteur le tableau des principales formalités, afin qu'il puisse juger par lui-même de leur importance, et faire quelque vérification pour se convaincre de la fréquence de leur inexécution.

Mais je lui rappellerai préalablement un principe, qu'il ne doit jamais perdre de vue dans son examen, c'est que la vente d'un domaine national est un tout indivisible dont l'adjudication n'est que le complément, et que ce tout est composé de plusieurs élémens, de la réunion de divers actes, qui doivent former un seul faisceau.

Ainsi, par exemple, le décret du 10-14 octobre 1790, art. 3, déclare que pour les biens que les municipalités voudront acquérir, le certificat de l'arrivée au comité de l'Assemblée nationale des estimations par experts, ou des évaluations d'après les baux, *formera leur premier titre de propriété.* Et le décret du 22 novembre - 1er décembre suivant, dit, article 19 : « Les échanges ne seront censés *con-* » *sommés*, qu'autant que *toutes* les formalités » prescrites par les lois et réglemens auront été » observées et accomplies *en entier.* »

Je rappellerai, en outre, au lecteur que c'est à l'acquéreur à fournir la preuve de l'exécution des formalités exigées ; car on sait qu'en cas de contestation, la preuve est toujours à la charge du demandeur, qu'en argumentant d'un titre le défendeur devient demandeur, que le propriétaire ne peut être reconnu pour tel qu'au moyen de titres, que par conséquent il doit en faire la justification.

§ Ier.

Minutes.

La pièce qui d'abord doit être recherchée comme preuve, c'est la *minute* du titre ; les grosses et les expéditions ne sont admises qu'à son défaut et dans certains cas spécifiés par la loi, et dont nous parlerons dans le § 2.

Or, souvent il est impossible de trouver dans les

archives aucune minute des titres : elles ont été détruites, enlevées, ou perdues, d'une manière quelconque, dans les troubles de la révolution.

§ II.

Expéditions qui remplacent les minutes.

La loi du 7 thermidor an 3 (25 juillet 1795) a prévu le cas où la perte des minutes aura été le fait des invasions des ennemis extérieurs, ou des entreprises des ennemis intérieurs ; elle décide qu'alors les procès-verbaux d'adjudication seront remplacés par les doubles ou copies qui pourront en avoir été déposés devers le bureau d'administration des domaines nationaux.

Mais, pour que ces expéditions fassent foi, il faut pouvoir justifier, par acte de notoriété, ou certificat des administrateurs, du fait de l'invasion des ennemis extérieurs ou des entreprises des ennemis intérieurs.

Les termes de la loi ne spécifient que ces deux derniers cas ; c'étaient effectivement les plus fréquens ; mais on sent que, d'après son esprit, elle doit embrasser tous les cas de force majeure, qui, d'ailleurs, pourront presque toujours être ramenés, dans ces temps de bouleversement, à l'un ou à l'autre des cas spécifiés.

A défaut des procès-verbaux d'adjudication, il faut, d'après ladite loi, pouvoir produire, 1° les extraits, duement certifiés, des états des ventes faites par les corps administratifs, dans lesquels la nature des biens vendus, la date des adjudications, et le prix de la vente, seront indiqués; 2° les quittances de paiement et copies d'icelles visées par le district; 3° les affiches contenant la désignation des biens vendus.

Ou enfin, dans le cas d'impossiblité absolue de produire les pièces sus-énoncées, les procès-verbaux d'adjudication ne peuvent être remplacés que par un procès-verbal d'enquête, faite par le district de la situation des biens, soit sur le fait de la vente, soit sur celui du paiement; procès-verbal qui était soumis à l'approbation du comité des finances, dont les arrêtés, dans ce cas, tiennent par conséquent lieu de titres.

Mais, quelle que soit la pièce fournie, minute ou expédition, on sent qu'elle ne peut être reconnue qu'autant qu'elle sera revêtue de toutes les formes. Il nous faut donc examiner à quels caractères on peut reconnaître un acte administratif.

§ III.

Formes qui doivent revêtir la minute ou l'expédition; et caractères qui font reconnaître un acte administratif (1).

La première condition, pour la validité d'un acte administratif, une condition qui constitue l'exis-

(1) Il sort de mon sujet d'entrer dans des détails sur l'organisation et sur la compétence des diverses administrations.

Le nombre de ces administrations a varié selon les temps. A une

tence du corps administratif lui-même, c'est que les membres qui ont concouru à l'acte soient au nombre fixé par la loi pour pouvoir faire cet acte, ou, en d'autres termes, soient en nombre compétent ; autrement cet acte est celui de quelques individus, au lieu d'être celui d'un corps administratif.

Il n'est pas besoin de citer de lois pour appuyer cette disposition qui est de simple bon sens. On la verra, au surplus, établie par toutes les lois rendues

---

époque, il y eût dans chaque commune une administration municipale, dans chaque district une administration intermédiaire, et dans chaque département une administration centrale, administrations auxquelles correspondent à peu près aujourd'hui nos mairies, nos sous-préfectures et nos préfectures. A une autre époque, il n'y eut plus que deux genres d'administrations, une au moins dans chaque canton, et une administration centrale dans chaque département. Les actes de chacune étaient susceptibles, quand ils se trouvaient contraires aux lois ou aux ordres adressés, d'être annulés par l'administration supérieure, et toutes étaient soumises au ministre. V. D. cité plus haut du 14 déc. 1789, relatif à la Constitution des municipalités. — D. du 22 du même mois - juil. 1790. — D. du 21 mai - 27 juin 1790. — Constit. du 3-14 sept. 1791, notamment tit. 3, ch. 4, sect. 2, art. 1, 5, 6, 7. — Acte additionnel du 24 juin 1793, surtout art. 78. — Const. du 5 floréal an 3 (22 août 1795), principalement art. 174, 177, 183, 193, 194, 196. — Const. de l'an 8, notamment art. 59.

Pour la mesure des devoirs et pour l'étendue des fonctions de ces diverses administrations, on peut voir surtout, outre les décrets cités plus haut, ceux qui sont ci-après énoncés. — D. du 17-24 mars. — D. du 10-14 mai. — Instruct. du 31 du même mois - 3 juin. — D. du 9-25 juillet. — D. du 16-26 du même mois. — D. du 6-23 août — Instruct. du 12-20 du même mois. — D. du 3-17 nov. — D. du 22 nov.-1 déc. 1790. — D. du 4 (1 et avril. — D. du 26 mai 1793.

depuis 1789, sur la validité des délibérations administratives (1).

Outre les membres composant le corps délibérant, il se trouve dans toute administration un secrétaire, qui fait lui-même partie intégrante et nécessaire de l'administration, comme le greffier fait partie intégrante et nécessaire d'un tribunal; il reçoit et rédige la délibération, il est l'officier instrumentaire.

Dans ces administrations, il fallait de plus la présence d'un agent national, à la réquisition duquel se faisait la vente, officier qui était auprès des administrations ce que le ministère public est auprès des tribunaux.

Un acte de ces administrations doit donc, pour être valable, offrir sur la minute les signatures du nombre compétent des membres, celle de l'agent national et celle du secrétaire; et sur l'expédition, la signature du secrétaire, et la mention que les autres signatures existent sur la minute.

Or, que l'on examine les titres d'adjudications nationales, et l'on verra s'il en est beaucoup qui réunissent toutes ces conditions. Il en est où les signatures, outre l'insuffisance du nombre, ont le défaut non moins grave de l'incompétence de leurs auteurs, qui quelquefois n'étaient investis d'aucun caractère

(1) Pour la validité des délibérations administratives en général, un D. du 14 déc. 1789, art. 40, et un autre du 21 mai-27 juin 1790, art. 31, fixent le nombre compétent à la moitié plus un. — La Constitut. de l'an 8, art. 90, le fixe aux deux tiers au moins.

public (1). Je paraîtrais avancer une proposition bien forte si je disais qu'il est des actes où ne se trouve constatée que la présence d'un officier, qui était alors et l'agent national qui requiert la vente, et l'administration qui délibère, et le secrétaire qui rédige : cependant, en avançant une pareille proposition, je n'avancerais qu'un fait dont il serait facile de fournir des exemples. Et quand il se rencontre de ces irrégularités, le plus souvent elles ne sont naturellement pas bornées à un acte isolé, mais elles embrassent la totalité ou la plupart de ceux d'une commune, pendant un certain laps de temps.

Les minutes ou les expéditions entachées de ces vices ne sauraient évidemment être reçues comme des actes administratifs, et doivent en conséquence être regardées comme nulles.

§ IV.

Validité des actes mêmes.

Supposant maintenant que la minute ou les expéditions soient revêtues des caractères extérieurs

---

(1) Ici, cependant, une distinction est à faire entre ces deux défauts. L'ignorance de l'un est une ignorance de droit, celle de l'autre est une ignorance de fait. La première ne pourrait jamais être alléguée, tandis que l'autre pourrait l'être : mais pour que celle-ci pût être alléguée, il faudrait qu'elle eût été générale ; et, pour qu'elle pût être présumée générale, il faudrait que le manque de caractère des administrateurs ne fût pas évident, comme il l'était fréquemment.

qui constituent les actes administratifs, enfin qu'elles puissent être regardées comme valables; arrivons aux caractères intrinsèques des actes, à leur essence; arrivons à cette dernière question : Les actes d'aliénation sont-ils faits conformément aux lois, ou, en d'autres termes, offrent-ils la preuve de l'accomplissement des conditions auxquelles étaient assujetties les aliénations de domaines nationaux?

En traitant cette question, je dois avoir pour but, non pas d'énoncer toutes les formalités auxquelles étaient assujetties les aliénations des domaines nationaux, mais seulement de jeter un coup-d'œil rapide sur celles dont l'inexécution peut avoir le plus d'importance.

Dans le premier cas, il me faudrait adopter un plan, et considérer ces formalités selon qu'elles devaient avoir lieu avant, ou pendant, ou après l'acte de vente, ou bien selon qu'elles concernaient le vendeur, ou l'acquéreur, ou la nature du bien : il faudrait aussi entrer dans des développemens sur les administrations auxquelles avait été confiée l'exécution de ces formalités : il faudrait surtout bien distinguer les époques des aliénations; car les formalités auxquelles elles ont été assujetties ont beaucoup varié, de nouvelles lois établissant fréquemment de nouveaux modes d'aliénation (1).

(1) Par exemple, les décrets des 14-17 mai 1790, — 2-6 sept. 1792, — 4 (1er) avril, — 3 juin 1793, et les lois des 24 fév. 1795

Dans le second cas, la briéveté des observations, et surtout leur restriction à quelques formalités principales, me dispensent de ces divisions et de ces dissertations.

Ces formalités principales se retrouvent presque toujours les mêmes sous toutes les lois, en sorte que l'exposé qui va suivre pourrait presque être donné en thèse générale. Cependant j'engage à le restreindre aux époques des lois que j'indiquerai, en se rappelant que, d'après la rapidité avec laquelle les lois se succédaient dans ces momens de révolution, chaque titre de propriété demande, pour ainsi dire, un examen particulier.

Pour juger avec promptitude et avec justesse quelles sont les formalités qui devaient être exigées le plus impérieusement, rappelons-nous comment, en thèse générale, doit être considérée une nation venderesse, et quel but, en thèse particulière, s'est proposé la nation française dans les ventes dont nous nous occupons.

Position de toute nation venderesse.

Une nation, être moral, ne peut défendre ses intérêts elle-même, comme le fait un particulier. Elle

---

(6 vent. an 3), — 31 mai (12 prairial), — 15 juin (27 prairial), — 30 août 1795 (13 fruct. an 3), — 6 nov. 1796 (16 brum. an 5), établissent tous des modes différens.

ne peut les défendre que par des préposés. Il faut donc désigner ces préposés, et leur tracer une marche.

L'intérêt indirect, par la raison qu'il est plus faible, ne peut toucher autant que l'intérêt direct. Il est donc à croire que les citoyens préposés ne défendront pas les intérêts de la nation avec le même zèle qu'ils défendraient les leurs.

En outre, moins l'intérêt est fort, moins il est éclairé.

Enfin, les préposés peuvent se laisser séduire, et leur intérêt se trouverait alors en opposition avec celui de la nation.

Celle-ci doit donc se méfier du zèle, des lumières et de la probité de ses préposés. D'où il suit que la marche qu'elle leur trace doit être entourée de beaucoup de formes, et que l'observation de ces formes doit être strictement exigée.

C'est en ce sens que l'on dit que *la nation est toujours mineure;* parce que, pour toute transaction, elle est, comme le mineur, dans la position d'un être, qui, incapable de se défendre lui-même, pouvant être facilement trompé, a besoin de toute la protection des lois pour le garantir des attaques qui seraient dirigées contre lui.

Il en résulte que, à la différence de la vente entre majeurs, qui, le plus souvent, ne suppose pour être valable, d'autre acte que celui qui la contient, la vente faite par la nation, ou faite à la nation, suppose et exige la préexistence ou la coexistence d'un certain nombre d'actes, dont la réunion est nécessaire pour la translation de propriété (1).

---

(1) On sent que le nombre de ces actes doit encore augmenter lorsque l'acquéreur se trouve à cet égard dans la même position que la nation venderesse, par exemple, lorsque cet acquéreur est une subdivision de l'Etat, comme l'étaient les municipalités.

Ainsi, elles ne pouvaient, sous peine de nullité, faire aucune acquisition de biens nationaux, sans y avoir été autorisées par un décret. — D. du 31 mai-3 juin 1790, tit. 1. — D. du 24 avril 1793, art. 21, et même l'art. 23 de ce dernier décret annulait les adjudications faites antérieurement audit décret; mais la loi du 24 déc. 1798 (4 niv. an 9) rapporta cet article rétroactif. Elles devaient alors, après une *délibération* de leur conseil général, adresser leur *demande* au comité établi pour l'aliénation de ces biens. — D. du 14-17 mai 1790, tit. 1, art. 1. — D. du 31 mai-3 juin même année, tit. 1.

Après quoi, l'*estimation par experts*, dont l'un était nommé par elles, et l'autre par l'assemblée ou par le directoire du district, était faite des biens qu'elles désiraient acquérir. — D. du 17-24 mars. — Décret du 31 mai-3 juin 1790, titre 1; ou bien on y faisait l'*évaluation d'après les baux*. — D. du 10-14 oct. 1790, art. 3.

Elles adressaient ensuite, avec ces pièces, au comité d'aliénation, leurs *soumissions* dans lesquelles les biens qu'elles choisissaient devaient, aux termes dudit D. du 31 mai-3 juin 1790, être désignés d'après les classifications établies par l'art. 3 du D. du 14-17 mai même année.

Ce n'est qu'après ces formalités que le comité rendait des *décrets d'aliénation* en faveur de chaque municipalité soumissionnaire.

La réunion de ces formalités était regardée comme si importante que, suivant l'art. 3 ci-dessus cité du D. du 10-14 oct. 1790, la date de l'arrivée au comité des procès-verbaux d'estimation ou d'évaluation, formait, ainsi qu'il a été dit page 14, le *premier titre de propriété* des municipalités.

Buts que s'est proposés la nation française dans les ventes.

Quant au but que la nation française s'est proposé dans les ventes qui ont eu lieu, ce but fut multiple.

Elle voulut d'abord, comme tout vendeur, retirer des biens le plus haut prix possible. L'impérieuse nécessité de subvenir aux besoins de la chose publique ; le désir d'éteindre la dette toujours croissante faisaient d'ailleurs une loi de tendre plus activement à cette fin (1).

Elle pensait aussi qu'elle pourrait animer l'agriculture et l'industrie, augmenter les subsistances, activer la circulation, procurer dès-lors l'accroissement de la masse générale des richesses, par la division de ces biens nationaux en propriétés particulières, toujours mieux régies que les propriétés livrées à une administration générale, qui sont frappées d'une sorte de stérilité, et par la facilité que cette division donnait à beaucoup de citoyens de devenir propriétaires (2).

A ces motifs, énoncés dans les lois, on peut en ajouter d'autres qui expliqueront encore l'importance que le gouvernement attachait à la division

---

(1) V. Préamb. du D. du 9 juillet (25, 26, 29 juin et)-25 juillet 1790. — Et Préamb. du ch. 5 de l'Inst. du 12-20 août suiv.

(2) V. susdit Préamb. du D. du 9-25 juillet 1790.—Et Préamb. du D. du 22 nov.-1 déc. suiv.

des propriétés, et la multiplicité des lois rendues à ce sujet. On voulait que le nombre des acquéreurs fût le plus grand possible, afin qu'il y eût plus d'hommes attachés au sol, qui se trouvait envahi de tous côtés, afin que les fortunes, et dès-lors les conditions, fussent *nivelées*, pour me servir des expressions du temps, afin surtout qu'il y eût, par l'effet de ces acquisitions, plus d'individus liés au nouvel ordre de choses et aux intérêts de la révolution (1).

Moyens employés pour arriver à ces buts ;
ou
Conditions auxquelles étaient assujetties les ventes des domaines nationaux.

Voici maintenant les principaux moyens par lesquels on crut pouvoir arriver aux divers buts qu'on se proposait.

1°. Pour l'augmentation du prix ;

Les offres ou soumissions,

L'évaluation d'après les baux, ou l'estimation par experts,

Et la publicité.

2°. Pour l'augmentation du nombre des propriétaires,

La distribution des domaines en lots.

---

(1) Ce sont probablement ces motifs qui ont fait dire dans le Préamb. du ch. 5 de l'Inst. du 12-20 août 1790, que l'aliénation prompte des domaines nationaux influerait essentiellement sur *l'affermissement de la Constitution*.

Offres ou *soumissions.*

Dans les diverses administrations chargées (1) de la vente des biens nationaux, il était ouvert des registres (2) pour constater les offres ou soumissions relatives à ces biens.

On procédait ensuite à l'évaluation desdits biens d'après les baux, ou à leur estimation par experts (3).

Après l'envoi de ces soumissions et des procès-verbaux d'évaluation ou d'estimation, si les soumissions avaient été faites par des municipalités, il était rendu en leur faveur des décrets d'aliénation (4) ; si ces soumissions avaient été faites par des particuliers, soit directement au comité ou bien aux administrations ou directions de département ou de district (5), soit aux municipalités dans les cas de reventes aux particuliers (6) [car les formes et les conditions des ventes directes aux particuliers étaient

---

(1) Elles sont indiquées dans la note de la page 16.

(2) V. D. du 9-25 juillet, art. 3. — Inst. du 12-20 août 1790, ch. 5, § 1.

(3) V. D. du 14-17 mai 1790, tit. 1, art. 4, pour les acquisitions faites aux municipalités. — D. du 9-25 juillet suiv., art. 14, qui applique l'art. 4 du précédent aux acquisitions faites par les particuliers.

(4) V. D. du 10-14 oct. 1790, art. 3 et 4.

(5) V. D. du 14-17 mai 1790, tit. 1, art. 2. — D. du 9-25 juillet suiv., art. 2.

(6) V. D. du 14-17 mai 1790, tit. 3, art. 2.

les mêmes que celles des ventes qui se faisaient par l'entremise des municipalités (1)], dès qu'une de ces soumissions égalait le prix fixé (2), ou une partie déterminée du prix fixé par l'évaluation ou par l'estimation, on annonçait la vente par des affiches indicatives des enchères, auxquelles on procédait ensuite (3).

Il est question de ces soumissions dans presque toutes les lois rendues sur ces ventes ; et, pour être valables, ces soumissions devaient contenir les désignations et distinctions claires et précises des biens pour lesquels elles étaient faites (4).

Évaluations d'après les baux, et *estimations par Experts.*

On sent qu'il n'était besoin d'avoir recours à l'estimation par experts, que dans les cas où l'on n'avait pas déjà un autre moyen de connaître la valeur du bien.

---

(1) V. Inst. du 12-20 août 1790, ch. 5, dernier alinéa du § 1, et premier alinéa du § 3.

(2) V. D. du 14-17 mai, tit. 3, art. 2. — D. du 9-25 juillet, art. 8. — D. du 3-17 nov. 1790, art. 15.

(3) V. d'après la loi du 6 nov. 1796 (16 brum. an 5), art. 10, les enchères s'ouvraient sur une offre égale aux trois quarts de ce prix.

(4) Voyez en outre, pour les détails relatifs à ces soumissions, notamment l'Inst. du 31 mai-3 juin. — D. du 16-26 juillet. — D. du 15-29 août. — D. du 3-17 nov. 1790.

Ainsi, lorsqu'il existait des baux, on faisait d'après eux l'évaluation du bien (1).

Il était cependant des biens pour lesquels on ne s'en rapportait pas aux baux seuls, et l'on exigeait une estimation; c'était ceux où les baux n'auraient pu indiquer souvent qu'une valeur de circonstance ou de convenance, comme les bois, les maisons, ou les usines, lorsque ces objets faisaient la partie notablement la plus considérable du bail; il était néanmoins ordonné de consulter aussi les baux, pour ces derniers biens.

Pour que ces baux fissent foi, il fallait qu'ils offrissent un caractère d'authenticité, qu'ils fussent passés ou reconnus devant notaire (2).

S'il existait des sous-baux, c'était ces derniers que l'on prenait pour base de l'évaluation (3), comme faisant naturellement mieux connaître la véritable valeur du bien.

Quant au montant de l'évaluation, à la quantité de fois qu'il fallait ajouter le prix du produit pour

---

(1) Il n'était pas possible pour l'évaluation d'avoir recours aux cotes d'impositions, puisque la plupart des biens qui furent saisis et vendus par la nation, ne payaient pas d'impositions, non plus que les biens composant primitivement le domaine national.

(2) Voy. pour tout ce qui précède, D. du 14-17 mai 1790, tit. 1, art. 4.—D. du 3-17 nov. même année, art. 9.—Loi du 18 mars 1796 (28 ventose an 4), art. 5 et 6.

(3) V. D. du 9-25 juillet 1790, art. 16. — D. du 31 mai 1795 (12 prairial an 3), art. 8.

fixer la valeur du fonds, il est visible que les lois ont dû souvent varier à ce sujet, à cause des changemens continuels dans les monnaies (1); car la somme fixée pour le fermage ou pour le loyer représentait, sous le même nombre, des valeurs différentes, selon la valeur de la monnaie dans laquelle elle devait ou pouvait être acquittée.

Dans les cas où l'on se référait à l'estimation par experts, les conditions exigées pour sa validité étaient :

Le serment préalable de la part des experts (2);

La surveillance de la part des officiers municipaux (3);

La distinction particulière de chaque héritage,

---

(1) V. pour ces changemens les décrets et lois suivans : D. du 14-17 mai 1790, tit. 1, art. 4. — Lois du 31 mai (12 prairial), art. 1. — 30 août 1795 (13 fruct. an 3), art. 2. — 18 mars (28 ventose), art. 5. — 3 sept. (17 fruct. an 4), art. 3. — 6 nov. 1796 (16 brum. an 5), art. 10. — 5 mai (15 floréal), art. 2. — 6 mai 1802 (16 floréal an 10).

En quelques mois le montant des soumissions dut varier quelquefois *nominativement*, et non *réellement*, du simple au double : par exemple, d'après l'art. 1 de la loi du 31 mai 1795, elles devaient être au denier 75 du revenu annuel de 1790; et d'après l'art. 2 de la loi du 30 août suivant, elles devaient être au denier 150 du revenu annuel de 1792.

(2) V. D. du 9-25 juillet 1790, art. 18.

(3) V. D. du 3 juin 1793, art. 6. — Et les lois et décrets cités dans la note de la page 16, relativement aux fonctions des administrations.

avec une désignation exacte, claire et précise des objets et de leur produit (1).

Publicité.

Cette notoriété publique, qui appelle les enchérisseurs, provoque la concurrence, et prévient les fraudes, résulte et de la publicité des actes préalables à la réception des enchères, et de la publicité des enchères mêmes.

La formalité la plus éclatante qui précède la réception des enchères, le principal moyen d'attirer l'attention, est l'apposition des affiches.

Elles devaient être apposées notamment dans les lieux de la situation des biens à vendre, et dans les chefs-lieux de district, et contenir les plus grands détails sur la nature, sur la situation, sur l'exploitation, et sur le prix du bien (2).

Et telle est l'importance attachée à cette solennité des affiches, que l'envoi devait être fait de ces affiches à l'administrateur des domaines nationaux, aussitôt après leur rédaction, afin qu'il pût adresser en temps utile aux corps administratifs les observa-

---

(1) V. D. du 31 mai-3 juin 1790, tit. 1.—D. du 9-25 juil. suiv., art. 6. — Loi du 3 juin 1793, art. 7, et toutes les lois que nous indiquerons plus bas en parlant de la distribution en lots.

(2) V. D. du 14-17 mai 1790, tit. 3, art. 1, 2, 4. — Loi du 3 juin 1793, art. 13, et presque toutes les lois citées haut, comme ordonnant la vente des biens nationaux.

tions qu'elles lui paraissaient comporter (1); telle est son importance, que le Code de l'administration et de la vente des domaines nationaux, rédigé et publié par l'Assemblée constituante, à la suite des lois réglementaires de cette matière, a tracé les formules des actes qui doivent constater cette formalité. On y voit un modèle de la délibération que doit prendre l'administration du district pour l'apposition des affiches, un modèle du procès-verbal d'affiches, et un modèle du certificat d'apposition (2).

Quant aux enchères, il devait y avoir plusieurs procès-verbaux d'enchères, le dernier contenant adjudication (3).

Enfin, le district ne pouvait recevoir les enchères et vendre qu'en présence de deux commissaires de chacune des municipalités de la situation des biens (4), ou après les avoir dûment appelés; et les

---

(1) V. D. du 26 mai 1793, art. 2.

(2) V. Code de l'administration et de la vente des domaines nationaux, p. 249 à 253.

(3) Le nombre de ces enchères a varié. — D'après le D. du 14-17 mai 1790, tit. 3, art. 4, il en fallait trois, c'est-à-dire, deux avant l'adjudication définitive. — D'après la loi du 15 juin 1795 (27 prairial an 3), art. 5, l'adjudication définitive se faisait à la deuxième enchère. — Enfin, plusieurs lois que nous indiquerons plus bas, dispensaient de toute enchère.

(4) V. D. du 14-17 mai 1790, tit. 3, art. 3. — Et les décrets et lois cités dans la note de la page 16, relativement aux fonctions des diverses administrations.

procès-verbaux devaient renfermer les signatures de ces commissaires ou la mention de leur absence.

Distribution en lots.

La distribution en lots[1], outre l'effet d'opérer la division des propriétés, avait, comme la publicité, et par un autre moyen, l'effet d'augmenter le prix en augmentant le nombre des concurrens, chaque lot étant alors à la portée de plus d'acheteurs. Mais son but principal était la division des propriétés; car, même dans les cas où le prix offert de la masse égalait le prix des acquisitions partielles, la loi ordonnait que les biens seraient de préférence adjugés divisément.

« On ne peut trop recommander aux directeurs, » disait l'instr. du 12-20 août 1790, ch. 5, § 3, de faciliter les petites acquisitions. Comme c'est ici une » des vues principales de l'opération, c'est aussi vers » son accomplissement que les moyens d'exécution » doivent être dirigés. Il en est deux qui ne doivent » pas être perdus de vue. Le 1er, prescrit par l'article 6 du décret des 25, 26, 29 juin et 9 juillet » 1790, consiste à diviser, dans les estimations, les » objets, autant que leur nature le permettra. Le » deuxième, indiqué par l'article 6 du décret du 14 » mai, consiste à ouvrir en même temps toutes les » enchères sur l'ensemble et sur les parties de l'objet compris en une seule et même estimation; et, » dans le cas où, au moment de l'adjudication dé-

» finitive, la somme des enchères partielles égalerait » les enchères sur la masse, à préférer l'adjudica- » tion par parties (1). »

Et cette distribution en lots se trouve ordonnée, et d'une manière expresse, par toutes les lois relatives à la vente des domaines nationaux (2).

Je rappellerai, en finissant ce tableau des principales formalités, une réflexion que j'ai faite en le commençant, c'est que je n'ai voulu et je n'ai pu parler ici qu'en thèse générale, et non en thèse universelle, reconnaissant que beaucoup de lois ont dérogé (3), soit pour certains cas, soit pour tous, à

---

(1) V. pour l'explication et pour la restriction de ce principe, le déc. du 3-10 juillet 1791, § 2.

(2) V., outre les décrets cités dans les notes des pages 24 et 25, décret du 9-25 juillet 1790, art. 6. — D. du 19-25 juillet, art. 4. — D. du 2-6 sept. 1792, art. 11. — D. du 3 juin 1793, art. 5, 6 et 7, relatifs aux biens des émigrés, et que le déc. du 22 nov. suiv. (2 frim. an 2), rendit communs à tous les biens nationaux, dérogeant ainsi à l'art. 14 du déc. du 3-17 nov. 1790. — D. du 15 juin 1795 (27 prairial an 3), art. 6, — etc., etc. Cette vue, dit le décret du 3-10 juillet 1791, § 2, n'a été subordonnée qu'au désir plus impérieux, plus sacré encore, de l'extinction de la dette.

(3) Par exemple : le déc. du 2 sep. 1792, et la loi du 3 juin 1793, art. 9, relatifs à la vente des biens des émigrés, ordonnent cette vente, « sans qu'il soit besoin d'attendre pour aucun qu'il ait été » fait des *soumissions*. » Et la loi du 11 mars 1795 applique cette exemption de soumissions à toutes les ventes de biens nationaux.

Mais toutes ces lois ordonnent les enchères et les autres moyens de publicité.

La loi du 31 mai 1795 (12 prairial an 3) exempte au contraire et des *affiches*, et des *enchères*, et de *l'adjudication préparatoire*.

celles que je viens d'énoncer ; mais, en examinant la date de celles dont j'ai extrait les formalités que je rapporte, en voyant qu'elles sont, les unes des premiers temps où les ventes des domaines nationaux ont eu lieu, les autres des temps moyens, les autres enfin des derniers temps, on sentira que celles qui y ont dérogé n'ont point été de longue durée, et se sont trouvées elles-mêmes abrogées par d'autres qui rétablissaient les premières, en tout ou en partie.

D'après ses art. 1 et 2, chaque citoyen pouvait se faire adjuger, sans enchère, tel bien à vendre qu'il désirait, par le directoire du district où le bien était situé, en se soumettant par écrit, sur un régistre à ce destiné, à payer tel denier du revenu annuel; et l'adjudication se faisait le même jour que la soumission, ou au plus tard dans les trois jours suivans.

Mais quinze jours après, une loi, celle du 15 juin 1795 (27 prairial an 3), déclara, par son article 3, que les adjudications faites en vertu de la loi précédente ne vaudraient que comme soumissions, et rétablit par ses art. 4 et 5 la formalité des affiches et des enchères.

Une autre loi du 30 août suivant (13 fruct. an 3) remit en vigueur, pour les maisons situées dans l'enceinte des murs de Paris, les dispositions de la loi du 31 mai précédent, déclarant, article 7, que le dernier soumissionnaire de chaque maison resterait adjudicataire.

La loi du 18 mars 1796 (28 ventose an 4) généralise une disposition presque semblable, en disant, art. 4, que tout porteur de *mandats* pourra se présenter à l'administration du département de la situation du bien qu'il voudra acquérir; et que le certificat de vente lui en sera passé sur le prix de l'estimation.

Mais la loi du 6 novembre même année (16 brumaire an 5), art. 9, abrogeant ces lois, ordonne de nouveau les affiches et les enchères; et cette dernière loi se trouve confirmée par toutes les lois subséquentes, par celles du 29 mars, art. 3; du 19 août,

Je demande maintenant si l'on croit que la totalité ou même le plus grand nombre des acquéreurs de biens nationaux puisse justifier de l'accomplissement des formalités exigées par les lois, si l'on croit même que ces formalités aient été observées dans la plus grande partie de ces ventes. Combien de ventes faites devant des administrations incompétentes, ou bien devant des administrations dont le nombre des membres n'était pas compétent! Combien de ventes

---

art. 1er; du 6 décembre 1797, art. 1er (9 germinal, 2 fructidor an 5; et 16 frimaire an 6); du 17 octobre 1798, art. 4 (26 vendémiaire an 7); du 5 mai 1802, art. 1er (25 floréal an 10), — etc.

Il exista en outre pendant quelque temps un mode particulier de vente pour les maisons et bâtimens appartenans à la nation, et notamment pour les maisons d'émigrés. Je veux parler des ventes par loteries. Voyez notamment les lois des 18 avril, 27 mai, 9 sept., 19 oct. 1795, 13 juillet et 13 nov. 1796 (29 germ., 8 prair., 23 fruct. an 3, 27 vend., 25 mess. an 4, et 23 brum. an 5).

Que de changemens en peu de temps! et pouvait-il en être autrement dans le bouleversement continuel de l'État? L'urgence plus ou moins grande des besoins pécuniaires, le motif plus ou moins pressant d'augmenter le nombre des propriétaires; enfin des milliers de causes, ou générales pour l'État ou particulières aux gouvernans, ne devaient-elles pas faire augmenter ou diminuer le nombre des formalités, faire sacrifier l'élévation du prix et la plus grande sûreté du paiement à la promptitude des ventes, ou bien cette dernière considération aux deux autres? Le lecteur n'eût-il pas facilement deviné ces variations, quand je ne les aurais pas indiquées? Mais comme les citations positives ajoutent une nouvelle force aux raisonnemens, j'ai cru devoir en faire quelques-unes, afin de bien graver dans l'esprit la proposition avancée plus haut, celle que chaque titre de propriété exige presque un examen particulier.

faites avec omission des formalités les plus importantes ! Combien de ventes surtout où l'on trouverait des erreurs, non-seulement dans les noms, mais même dans l'individualité des personnes dont on voulait aliéner les biens ! Combien de ventes, par exemple, où l'on a aliéné, comme ayant appartenu au mari, des biens qui avaient appartenu, ou même qui appartenaient encore, à la femme, et *vice versâ* ; ou bien, comme appartenant à un individu, des biens qui avaient appartenu ou qui appartenaient à un parent de même nom ! Combien de ventes où les enchères ont été ouvertes sur des mises à prix inférieures à celles qui avaient été fixées par les lois ! (1)

La grande quantité des lois ou des instructions intervenues pour rappeler les formalités, pour en punir les infracteurs, pour prévenir les fraudes, pour annihiler des ventes, la vilité du prix de la plupart de ces ventes, prouvent les fréquentes irrégularités dont elles étaient entachées. Je finirai par une citation, qui pourra faire juger de la manière dont on procédait aux ventes : il fallut qu'une loi défendît de faire des adjudications aux personnes qui seraient *manifestement* dans un état d'ivresse (2).

---

(1) Voyez notamment pour l'exposé de ces abus, D. du 3-10 juill. 1791.

(2) Voy. D. du 3-10 juill. 1791, § 1er, art. 1er.

DEUXIÈME PARTIE.

L'inobservation des formalités exigées par les lois, entraîne-t-elle la nullité des actes d'aliénation?

Une loi postérieure ne déroge à une plus ancienne que dans ce qu'elle renferme expressément de contraire à celle-ci. Pour le surplus, pour tout ce dont elle ne parle pas, elle se réfère à la précédente.

La Charte, en ne disant rien sur *la question de la forme* relativement aux ventes de domaines nationaux, a donc laissé les choses dans l'état où elles se trouvaient sous les lois antérieures. Examinons donc ces lois, pour y chercher une décision.

C'est à la Constitution du 22 frimaire an 8 (13 décembre 1799) qu'il faut se reporter pour retrouver la disposition la plus récente à ce sujet (1).

---

(1) Car la Constitution, décrétée par le Sénat, le 6 avril 1814, non plus que la proclamation de Saint-Ouen, du 2 mai suivant, ne doivent pas nous occuper, puisque ni l'une ni l'autre ne saurait être considérée, et n'est effectivement considérée comme une loi.

Au surplus, ni l'une ni l'autre ne décidait la question. Bien que l'art. 24 de la Constitution ait porté : « Les ventes des domaines » nationaux sont irrévocablement maintenues; » bien que la proclamation ait dit : « Les propriétés sont inviolables et sacrées; » la vente des biens nationaux restera irrévocable, » cela ne prouve point qu'elles aient entendu rien préjuger sur la question des causes légales de nullité. Cette question resterait semblable, quand même ces deux dispositions auraient force de loi. On dirait : En déclarant irrévocables les ventes de biens natio-

Or, cette loi exige formellement, pour qu'une vente soit maintenue, qu'elle ait été *légalement consommée*. L'art. 94 s'exprime ainsi : « La nation » française déclare qu'après une vente *légalement* » *consommée* de biens nationaux, quelle qu'en soit » l'origine, *l'acquéreur légitime* ne peut en être » dépossédé. »

Cet article n'est lui-même que la répétition presque littérale de l'art. 374 de la Constitution du 5 fructidor an 3 (22 août 1795), qui ne faisait que rappeler les dispositions des lois antérieures.

La Constitution du 3-14 septembre 1791, tit. 1er, ne garantissait que les ventes qui avaient été ou qui seraient faites *suivant les formes établies par la loi*.

Et toutes les lois intervenues, particulièrement sur l'aliénation des biens nationaux, ont confirmé ces principes énoncés dans les constitutions, et ont exigé, pour la validité des aliénations, qu'elles aient été *faites dans les formes prescrites* par les lois (1).

---

naux, elles ont simplement déclaré que là où il y a effectivement vente de biens nationaux, on ne peut pas plus l'attaquer qu'on ne pourrait attaquer une vente de biens patrimoniaux ; mais elles ne déclarent pas que là où la vente est nulle, c'est-à-dire, là où il n'y a pas de vente, il faudra reconnaître une vente : elles ne font qu'assimiler les ventes de biens nationaux aux ventes de tous autres biens : et à l'appui de cette interprétation on citerait les expressions de l'article 9 de la Charte, qui doit être considéré comme le développement de l'art. de la proclamation, qui était lui-même calqué sur l'art. 24 de la Constitution.

(1) V. D. du 18-18 août 1792, tit. 2, art. 3. — D. du 19 août-3 sept. 1792, art. 5, — etc., etc.

Plusieurs même déclarent spécialement la nullité de diverses aliénations (1).

Dans le préambule de la loi du 22 novembre-1er décembre 1790, le 4e considérant est conçu ainsi qu'il suit, et ses principes sont appliqués dans les art. 8, 13, 15 et 18 de ladite loi. Il porte que « toute concession, toute distraction du domaine » public est essentiellement nulle ou révocable, si » elle a été faite sans le concours de la nation » (or, là où les formalités exigées pour représenter la nation n'ont pas été remplies, elle n'a pas été représentée, il n'y a pas eu concours de la nation) ; « qu'elle conserve sur les biens ainsi distraits la » même autorité et les mêmes droits que sur ceux » qui sont restés dans ses mains ; que ce principe, » qu'aucun laps de temps ne peut affaiblir, dont » aucune formalité ne peut éluder l'effet, s'étend à » tous les objets du domaine national, sans aucune » exception. »

C'est là le principe général, le principe que la loi donne comme devant gouverner tous les cas : et si, plus bas, elle fait quelques modifications, ces modifications ne sont offertes par elle que comme des exceptions, nécessitées par le danger d'une exécution trop rigoureuse du principe, ainsi que le dit le dernier considérant de ladite loi ; comme des exceptions, c'est-à-dire comme des dispositions qui ne

---

(1) V. par exemple, D. du 7-14 oct. 1790.

peuvent s'étendre au-delà des cas formellement spécifiés.

Des lois particulières rendues depuis la Charte, consacrent le même principe.

La loi du 5 décembre 1814, relative à la remise des biens des émigrés, dit, article 1er : « Sont » maintenus et sortiront leur plein et entier effet, » soit envers l'Etat, soit envers les tiers, tous juge- » mens et décisions rendus, tous actes passés, tous » droits acquis, avant la publication de la Charte » constitutionnelle, *et qui seraient fondés sur des lois* » *ou des actes de gouvernement* relatifs à l'émigra- » tion (1). »

Le texte de toutes les lois que je viens d'énoncer (2) ne reconnaît donc de ventes que dans le cas où elles sont *légalement consommées* ; d'acquéreurs, que dans le cas où ils sont *légitimes*. Et si, pour décider, l'on ne voulait consulter que le texte des lois, la conséquence de cette proposition serait

---

(1) Je ne crois pas devoir citer aujourd'hui l'Acte additionnel du 22 avril 1815. D'ailleurs, il laissait la question dans le même état; car voici tout ce qu'il dit sur les propriétés : « Toutes les » propriétés possédées ou acquises *en vertu des lois*, sont invio- » lables. » Voyez ce que je dirai dans l'examen de la troisième question, sur ces mots de *fondés par des lois* qui se trouvent dans l'art. 1 de la loi du 5 déc. 1814.

(2) Je n'ai pas parlé des lois sur les décomptes, parce qu'elles ne contiennent aucune disposition relative à la question de nullité. Voyez notamment D. du 22 oct. 1808. — D. du 27 janv. 1810. — L. du 12 mars 1820.

celle-ci : Bien qu'en thèse générale toutes les ventes nationales soient confirmées, chacune peut, en thèse particulière, être examinée, pour voir si elle est *légalement consommée*; bien qu'en thèse générale tous les propriétaires de biens nationaux soient déclarés maintenus, chacun peut, en thèse particulière, être attaqué pour savoir s'il est acquéreur *légitime*; et, faute de justification de l'accomplissement des formalités qu'exigeaient les lois pour la validité des titres, les autorités devant lesquelles on soumettra l'affaire, devront déclarer le titre illégal, la vente annihilée, l'acquéreur dépossédé.

Mais si j'indique la conséquence stricte que la logique déduirait du texte des lois, c'est pour faire voir l'imperfection de ce texte, et non pour dire que cette conséquence doive servir de base à aucun jugement. Je crois, au contraire, qu'elle est opposée à l'esprit de l'ensemble de la législation relative aux biens nationaux; je crois que cette législation a pour esprit de prévenir tout retour sur les aliénations de ces biens; et je montre l'imperfection des moyens qu'elle a employés, l'insuffisance de son texte; non afin de faire préférer le texte à l'esprit, mais afin d'engager à les faire concorder, et à remplir le vide qui se trouve dans l'expression des intentions du législateur. J'insiste sur ce point, pour ne plus être obligé d'y revenir, et je prie le lecteur de se rappeler que, dans tout le cours de cette dissertation, lorsque je dis que les lois qui nous régissent permettent d'arguer de nullité des aliénations nationales, je n'entends jamais parler que du texte de ces lois, et non de leur esprit, qui, n'en doutons pas, est de couvrir des nullités, qu'il serait si dangereux de faire valoir.

Demandera-t-on maintenant si chacune des formalités exigées par les lois l'était assez impérieusement, pour que son exécution doive, à la rigueur, entraîner la nullité de l'acte? La négative est hors de doute. Il est évident qu'il faudrait ici, comme partout ailleurs, faire une distinction entre les formalités. Cette distinction n'a pas besoin d'être indiquée aux hommes versés dans l'étude du droit, et qui possèdent les principes sur les nullités. Mais, d'après l'état d'incertitude dans lequel je veux laisser la question ci-après, celle de savoir qui pourrait se prévaloir de ces nullités, je ne dois préciser spécialement aucune cause de nullité. Je veux indiquer aux législateurs le germe des difficultés qu'ils ont à étouffer, et non aux individus les difficultés sur lesquelles des procès pourraient être entamés.

Avant de quitter la question que je viens de traiter, je vais dire un mot sur deux objections que l'on fait souvent relativement aux nullités.

La première objection consiste à soutenir que toute nullité doit être prononcée par la loi.

D'abord, ce principe ne serait que rarement une objection à mes raisonnemens, puisque les lois que j'ai citées à l'appui de chaque formalité, attachent souvent la peine de nullité à l'inexécution de ces formalités. Mais ensuite, ce principe, qui se trouve dans un de nos Codes (1030, C. de Pr.), n'existait pas sous les lois antérieures, et par conséquent ne recevrait pas ici d'application : enfin, même sous l'empire de notre législation, ce principe, généralisé et appliqué aux aliénations de domaines nationaux, deviendrait erroné ; inséré dans le Code de Pr., il ne concerne que les actes faits devant les tribunaux pour lesquels a été composé ce Code, c'est-à-dire les actes faits devant les tribunaux inférieurs et devant les cours d'appel. Ce principe ne peut donc être objecté, et la solution des questions qui s'élevaient sur l'inexécution des diverses formalités devait être cherchée dans les principes universellement reconnus sur la distinction à faire entre les nullités *absolues* ou *d'ordre public* et les nullités *relatives* ou *d'ordre privé*, entre les nullités *substantielles* et les nullités *accidentelles*.

La seconde objection se tire dans la distinction que l'on fait entre le droit politique et le droit civil, en disant que les questions relatives aux biens nationaux sont de droit politique, plus encore que de droit civil, et que ce n'est point avec les règles de ce dernier qu'on peut attaquer les aliénations de ces biens.

Mais la distinction entre une loi politique et une loi civile est fort indifférente ici ; quelque nom qu'on donne à une loi, du moment qu'elle ordonne, il faut obéir : du moment qu'elle prescrit des formes, il faut les suivre.

TROISIÈME QUESTION.

Qui pourrait se prévaloir de la nullité des actes d'aliénation de propriétés nationales ?

Nous avons vu dans l'examen de la première question, que des actes d'aliénation seraient peut-être, d'après le texte des lois, susceptibles d'être argués de nullité, comme ayant été faits par la nation qui n'était point propriétaire des biens aliénés ; nous avons vu, en outre, dans l'examen de la seconde question, que d'autres actes d'aliénation pourraient être aussi argués de nullité, comme ayant été faits sans l'observation des formes exigées par les lois.

Sachons maintenant qui pourrait se prévaloir des nullités que l'on rencontrerait dans ces actes.

A l'égard des premiers de ces actes, comme le propriétaire aurait été seulement dépossédé, mais non exproprié, comme il serait toujours resté propriétaire, il est évident que si les lois en reconnaissaient la nullité, cette nullité ne pourrait être objectée que par les anciens propriétaires ou par leurs héritiers ou ayant-cause.

A l'égard des autres actes, comme la nation était propriétaire, il est clair aussi que s'il s'y trouve des nullités, c'est à elle ou à ses cessionnaires que ces nullités doivent profiter; c'est elle ou ses cessionnaires qui peuvent les invoquer.

Mais existe-t-il, à ce sujet, des cessionnaires de la nation ?

Les seules cessions faites relativement aux biens nationaux, sont celles qui ont eu lieu dans les remises (1) aux anciens propriétaires, ou à leurs héritiers ou ayant-cause.

Les principales (2) de ces remises sont au nombre

---

(1) Je me sers ici et je me servirai dans la suite du mot de *remise*, par lequel on a remplacé, dans la loi du 5 déc. 1814, le mot de *restitution*, qui se trouvait le plus souvent dans les lois précédentes, et même dans le projet de cette dernière. Le mot de *remise* a été préféré pour deux raisons ; la première, parce qu'il n'entraîne pas l'idée de contrainte, comme pourrait le faire l'autre mot ; la deuxième, parce qu'il laisse voir que la nation a été propriétaire jusqu'au moment où le bien a été rendu, et que l'individu auquel le bien a été rendu, ne peut venir qu'en qualité de cessionnaire de la nation, et par conséquent seulement avec les droits qu'elle avait au moment de la cession.

Dira-t-on, afin de soutenir l'emploi du mot de *restitution*, que la nation n'a jamais été que quasi-propriétaire, que l'individu auquel a été rendu un bien arrive *jure suo*, c'est-à-dire, non comme acquérant le droit de cessionnaire, mais comme rentrant dans celui de propriétaire, dont il n'avait été que suspendu, et y rentrant par la seule raison que le bien est invendu et en nature ? Mais on ne peut, même dans ce dernier système, s'empêcher de reconnaître que ce qui a été fait par la nation dans l'intervalle, suivant les formes légales, est valable, que dès-lors l'individu auquel est rendu le bien, soit que cet individu vienne au nom de la nation comme son cessionnaire, soit qu'il vienne en son nom personnel comme ancien propriétaire, ne peut toujours réclamer que les droits possédés par la nation au moment où le bien a été rendu. Or, voici tout ce qui nous intéresse. Le surplus rentre dans le domaine de la politique, dont je veux me tenir ici toujours éloigné.

(2) Je crois devoir négliger quelques lois qui ordonnent des remises à des classes peu nombreuses d'individus, ces lois ne pré-

de deux, et concernent, les premières, les héritiers des condamnés depuis le 10 mars 1793, et les secondes, les émigrés.

Pour savoir quels droits en résultent, voyons quels biens furent remis, et examinons les termes des lois.

Mais je déclare que dans cet examen, en cas de doute, je me contenterai d'exposer les raisons affirmatives et les raisons négatives, sans chercher à arriver à aucune solution, la solution pouvant être d'un effet dangereux, et le doute suffisant pour nécessiter la disposition interprétative dont je parlerai en traitant la cinquième question.

Remises faites aux héritiers ou ayant-cause des condamnés.

Ces remises ont été décrétées par la loi du 14 floréal an 3 (3 mai 1795) et par celle du 21 prairial suivant (9 juin).

La première, porte, en termes vagues, que *les*

---

sentant pas un intérêt assez général; par exemple, une loi du 8 sept. 1795 (22 fruct. an 3), déterminant un mode pour la remise des biens des prêtres déportés ou reclus, loi qui n'est, au surplus, qu'une application de celle du 9 juin suiv. (21 prair.), dont il sera parlé plus bas; une autre du 10 du même mois de sept. (24 fruc.), ratifiant une disposition du traité qui accorde aux chevaliers de Malte la remise de leurs biens personnels non vendus. Au surplus, les termes de ces lois, semblables à ceux des lois que je citerai plus bas, ne décident même pas la question relativement aux classes qu'elles concernent.

biens des condamnés depuis le 10 mars 1793 seront rendus à leurs familles, et que le comité de législation sera tenu de présenter à la Convention un projet relatif au mode de remise.

Mais la deuxième, qui détermine ce mode, dit qu'elle rend *les biens qui seront encore sous la main de la république*.

Le bien dont l'aliénation serait nulle, le droit d'arguer de nullité l'acte d'aliénation, se trouve-t-il compris dans cette remise ?

On dira pour la négative : Ces mots de *être sous la main* désignent, non pas *la propriété*, mais *la possession*. Quelque irrégulière que soit une aliénation, si sa nullité a empêché d'être privé du droit de réclamer la propriété, elle n'a pas empêché d'être privé de la possession : le bien n'en est pas moins sorti *de la main* du vendeur. Or, comme la nation n'a remis que les biens *qui étaient encore sous sa main*, il s'ensuit que dans la remise ne sont pas compris les biens dont l'aliénation avait été faite, quelles que soient les causes de nullité qu'on puisse opposer contre cette aliénation. Au surplus, ajoutera-t-on, le mot de *biens* est employé par cette loi dans le sens restreint de *biens corporels*, et ne renferme par conséquent pas le droit d'arguer de nullité les actes d'aliénation.

On répondra, pour l'affirmative, que là où la signification d'un mot n'est pas restreinte par une explication, il doit être pris dans un sens large; que dans ce dernier sens, le mot de *biens* renferme la totalité de la propriété, c'est-à-dire, et les choses et les droits aux choses ; que le droit au recouvrement de la chose est considéré comme la chose même ; que le droit d'arguer un acte de nullité fait dès-lors, comme tout autre droit, partie des biens ; qu'il se trouvait en la possession, ou sous la main, de la nation, et qu'il a par conséquent été compris dans la remise faite par elle.

Il est dans cette dernière loi un article dont on pourrait essayer de conclure que ni la nation, ni par conséquent ses cessionnaires, ne seraient en droit de revenir, pour aucune cause de nullité, sur les ventes des biens des condamnés ; c'est l'art. 21 ainsi conçu : « Les ventes des meubles et immeu- » bles des condamnés antérieurement au décret de » surséance du 30 ventose, sont *confirmées.* »

Mais je crois que cette interprétation de l'article serait trop étendue, et que le mot de *confirmées* est pris ici, selon son étymologie, comme synonyme de celui de *maintenues*, et non comme synonyme de celui de *ratifiées.* La loi déclare maintenir les ventes, sans entendre ratifier les ventes illégales, sans entendre rien préjuger sur la question de leurs causes de nullité.

Quelques réflexions générales sur les ratifications donneront une nouvelle force à ces réflexions spéciales tirées de la loi même.

Le principe général est qu'un acte nul ne peut produire aucun effet, est comme n'existant pas, d'où il suit que la *ratification* donne la réalité à ce qui n'avait que l'apparence. Quand de la nullité d'un acte résulte un droit, ratifier cet acte, c'est donc renoncer à ce droit, c'est donc faire une donation : et comme personne n'est facilement présumé renoncer à un droit ou faire une donation, il en résulte que toute ratification doit être formelle, c'est-à-dire énoncer la nullité qu'elle couvre. C'est ainsi que l'article 1338 du Code civil exige, pour la validité d'un acte de ratification, qu'il renferme et la substance de l'acte confirmé, et la mention du motif de l'action en nullité, et l'intention de réparer le vice sur lequel cette action est fondée. Certes, toutes ces conditions exigées dans un acte ne peuvent l'être dans une loi. Mais on doit absolument y découvrir la dernière, énoncée soit en termes spéciaux, soit en termes généraux.

Remises faites aux émigrés.

Les remises qui ont été faites aux émigrés l'ont été par le sénatus-consulte du 6 floréal an 10 (26 avril 1802), et par la loi du 5 décembre 1814.

Le sénatus-consulte s'est servi des mêmes expressions que la loi du 21 prairial an 3, et n'a restitué que *les biens qui étaient encore dans la main de la nation* (1) (art. 17). Mais son art. 16 avait ôté le

(1) Je n'ai pas besoin de m'occuper des exceptions qui ont été faites aux restitutions, par exemple, celles qui concernaient les bois et forêts, déclarés inaliénables par la loi du 2 niv an 4, les immeubles affectés à des services publics, les droits de propriété sur les canaux de navigation, etc. La loi du 5 déc. 1814 a levé ces exceptions.

doute, en disant : « Les individus amnistiés ne » pourront, en aucun cas et *sous aucun prétexte*, » attaquer les partages de présuccession, succession, » et *autres actes*, et arrangemens faits entre la ré» publique et les particuliers avant la présente am» nistie. »

La loi du 5 décembre 1814 a ramené l'incertitude.

Je vais transcrire les articles 1er et 2, qui donneront lieu à mes observations :

« Art. 1er. Sont maintenus et sortiront leur plein » et entier effet, soit envers l'État, soit envers les » tiers, tous jugemens et décisions rendus, tous » actes passés, tous droits acquis avant la publica» tion de la Charte constitutionnelle, *et qui seraient » fondés sur des lois ou des actes de gouvernement » relatifs à l'émigration*. »

Or, dira-t-on, là où les formalités exigées expressément *par les lois ou actes de gouvernement* n'ont pas été observées dans les contrats, les contrats ne sont pas fondés sur les lois ou actes du gouvernement, et ne sont par conséquent pas compris dans cet article.

On répondra peut-être que les mots de *fondés sur* doivent être pris dans un autre sens, c'est-à-dire comme signifiant *faits en vertu de*; que dès-lors un contrat peut être fondé sur une loi, quoiqu'il ne soit pas fait conformément à la marche indiquée par cette loi. Mais de cette interprétation il résulterait seulement, non pas que cet article aurait décidé la question, mais seulement qu'il ne s'en serait pas occupé : car, ainsi qu'il a été dit plus haut, déclarer qu'on *maintient* telle espèce d'acte, ce n'est point déclarer qu'on *ratifie* ceux d'entre eux qui sont entachés de nullité.

« Art. 2. Tous les biens, meubles ou immeubles,
» séquestrés ou confisqués pour cause d'émigration,
» ainsi que ceux advenus à l'État par suite de par-
» tages de successions ou présuccessions, *qui n'ont*
» *pas été vendus*, *et font actuellement partie du*
» *domaine de l'État*, seront rendus en nature à ceux
» qui en étaient propriétaires, ou à leurs héritiers
» ou ayant-cause. »

On dira: Si les aliénations nulles sont comme n'ayant jamais eu lieu, les biens qui ont été mal aliénés sont comme s'ils n'avaient pas été aliénés.

Il sera répliqué que *n'être pas aliéné* exprime une idée de fait, que *mal aliéné* exprime une idée de droit, qu'il n'y a point de similitude entre ces deux manières d'être, qu'il est impossible d'argumenter de l'une à l'autre : et l'on essayera par cette distinction de fixer l'esprit de la loi.

Mais on fera observer, dans le premier sens, que les mots de *font actuellement partie du domaine de l'État* ont été substitués à ceux qui se trouvaient dans le sénatus-cousulte du 6 floréal an 10, *sont encore dans la main de la nation*, et que le droit au recouvrement de la chose étant, ainsi que nous l'avons vu plus haut, considéré comme la chose même, il s'ensuit que le bien mal aliéné faisait toujours partie du *domaine* de l'État ou de sa *propriété*, deux mots synonymes, et faisait dès-lors partie de la remise décrétée par la loi du 5 déc. 1814.

On argumentera peut-être contre cette opinion de l'article 4 de cette loi, dont voici la teneur : « Seront remis, ainsi qu'il est dit art. 2, les biens » qui, ayant été vendus ou cédés, se trouveraient » *actuellement* réunis au domaine, soit par l'effet » d'une déchéance *prononcée définitivement* contre » les acquéreurs, soit par toute autre voie qu'à titre » onéreux. » Et l'on soutiendra que l'inclusion de l'un étant l'exclusion de l'autre, il en résulte que le bien dont la déchéance n'était pas encore *définitivement prononcée au moment de la publication de la loi*, ou, en d'autres termes, le droit de faire prononcer cette déchéance, n'est pas compris dans la remise.

Mais on répondra qu'il s'agit dans cet article de *déchéance* et non *d'annihilation*, que la première est une peine prononcée contre l'inexécution d'un acte valide, tandis que la seconde est la déclaration qu'un acte n'a jamais été valide ; qu'ainsi l'art. cité n'a point trait à la question.

Enfin si l'on avance que, laissant le texte de la loi pour voir son esprit, on doit croire qu'elle n'a pas entendu comprendre dans la remise les biens mal aliénés ;

On répliquera que nul ne peut être recevable à alléguer que les législateurs n'ont pas connu la valeur des mots dont ils se sont servis.

En terminant cette discussion, qu'il serait facile

de pousser plus loin, et sans vouloir chercher à décider la question, il me semble avoir montré que s'il existe des raisons pour nier, il en existe aussi pour affirmer que le droit de se prévaloir de la nullité des actes d'aliénations, compéterait, d'après le texte des lois, aux héritiers ou ayant-cause des condamnés, et aux émigrés, à leurs héritiers ou ayant-cause, pour les biens qui ont appartenu à eux ou à leurs auteurs.

Quant au droit d'arguer de nullité les actes d'aliénation des autres biens ayant appartenu à la nation et non compris dans les remises, il est évident qu'il resterait à la nation.

QUATRIÈME QUESTION.

Les questions précédentes offrent-elles encore aujourd'hui ou offriront-elles encore long-temps de l'intérêt? Le temps nécessaire pour accomplir la prescription n'est-il pas déjà écoulé, ou ne le sera-t-il pas bientôt?

Pour pouvoir raisonner sur la prescription qu'opposeraient, contre les actions ou exceptions en nullité, les possesseurs de biens nationaux, il faut se rappeler que ces nullités seraient de deux genres. Certaines aliénations, celles dont il est parlé dans l'examen de la première question, seraient arguées de nullité, comme ayant été faites par la nation non propriétaire; d'autres aliénations, celles dont il est traité dans l'examen de la deuxième question, seraient arguées de nullité, bien que faites par la nation propriétaire, mais comme l'ayant été sans l'observation des formes voulues par la loi.

Aliénations faites par la nation non propriétaire.

Comme ces aliénations sont incomparablement les moins nombreuses, je me contenterai de donner à leur égard quelques observations rapides.

De ce qu'une aliénation serait déclarée nulle, comme faite par la nation non propriétaire, il en résulterait que les biens, objets de cette aliénation, seraient considérés comme n'ayant jamais été nationaux, et qu'il faudrait leur appliquer, pour la prescription, les dispositions concernant la prescription des biens privés, et non les dispositions concernant celle des biens nationaux.

Les lois qui régissent la prescription sont celles des temps où elle a commencé (2281 C.C.). Il faudrait donc, pour ces prescriptions de biens privés, consulter et les lois anciennes, romaines ou coutumières, et les lois intermédiaires, et les lois nouvelles, distinctions qui nous mèneraient trop loin, et dans lesquelles il est superflu d'entrer à cause du petit nombre des biens qui les occasionneraient ici.

En outre, la prescription courant contre des individus, et non contre la nation, on devrait avoir égard aux causes suspensives qui pourraient en avoir reculé le terme, peut-être même empêché le commencement, comme la minorité, l'interdiction, et souvent pour les femmes l'état de mariage (2252, 2254, 2256 Cod. Civ.).

Aliénations faites par la nation propriétaire, mais sans l'observation des formes.

Les biens compris dans ces aliénations ayant appartenu à la nation avant d'être aliénés, la prescription qu'on serait recevable à opposer serait celle des biens nationaux.

Les règles en ont varié. Sous nos anciennes lois, elle ne pouvait avoir lieu, parce que la prescription est considérée comme une aliénation (2226 Cod. civ.), et que l'aliénation des biens de l'État n'était point permise : sous la loi intermédiaire, la prescription des biens nationaux fut permise, mais le terme en fut autre que pour les biens privés (art. 36 de la loi du 22 nov.-1 déc. 1790, qui subsista jusqu'au Code) : enfin, sous la loi nouvelle, la prescription est la même pour les biens nationaux que pour les biens privés (2227 Cod. civ.), mais seulement si la prescription est commencée depuis la publication de la loi nouvelle; autrement elle doit être régie par les lois précédentes (2281) (1).

(1) J'ai dit plus haut que l'Etat est toujours considéré comme mineur : il existe dans le droit un autre principe, c'est que la prescription, étant une espèce d'aliénation, ne court pas contre le mineur. La conséquence stricte de ces principes serait celle qui était admise par le droit romain et par la plupart de nos coutu-

De plus, comme les règles sur la prescription seraient différentes, ainsi que je le montrerai plus bas, selon que la prescription serait opposée par le premier acquéreur dont le titre serait entaché de nullité, ou par le sous-acquéreur qui succéderait ou ne succéderait pas à ce vice, suivant que son titre serait antérieur ou postérieur à la publication du Code civil; comme elles seraient différentes selon que la prescription serait opposée contre l'Etat resté propriétaire, ou contre des individus qui profiteraient des lois de remise, je pense que, pour établir ces règles avec clarté, il est nécessaire de faire deux distinctions, l'une entre ceux au profit desquels court la prescription, et l'autre entre ceux contre lesquels elle court.

1re DISTINCTION.

Entre ceux au profit desquels court la prescription.

Ceux au profit desquels court la prescription sont ou les premiers acquéreurs ou les sous-acquéreurs.

---

nes, celle qu'on ne peut prescrire contre l'Etat. Mais les auteurs de la loi du 22 nov.-1 déc. 1790, et ceux du Code, ont pensé que l'intérêt public qui a fait établir, en thèse générale, le principe de la minorité de la nation, doit faire déroger ici à la conséquence. Profitant à des individus, l'obstacle de la minorité n'est que momentané; profitant à l'État, l'obstacle est perpétuel. Dans le premier cas, il ne fait que retarder la prescription; il est équitable envers le particulier sans être nuisible à la société: dans le deuxième cas, il empêche la prescription, il nuit à la certitude des propriétés, et par conséquent à l'intérêt public.

On sent que sous chacune de ces deux dénominations sont aussi compris les héritiers des individus qu'elles désignent, qu'il ne doit être fait aucune différence entre l'auteur et son héritier, parce que ce dernier, ne détenant pas en vertu d'un nouveau titre, n'est point un tiers détenteur, mais la continuation, la représentation du premier détenteur. C'est sur ce principe qu'est fondé l'art. 2237 du Cod. civ., qui ne permet à l'héritier de prescrire que dans le cas où son auteur le pouvait lui-même.

A l'égard de la distinction entre le premier acquéreur et le sous-acquéreur, relativement à la prescription d'un bien dont l'aliénation première serait entachée de nullité, cette distinction n'est admissible que si le titre du sous-acquéreur est postérieur à la publication du Code antérieur; car la loi antérieure, celle du 22 novembre - 1er décembre 1790, art. 36, cité plus haut, ne fait aucune distinction entre eux; et, d'après l'art. 2281 du Code civil, les prescriptions commencées à l'époque de la publication de ce Code doivent être réglées conformément aux lois anciennes.

Les mêmes principes s'appliquent donc et au premier acquéreur dont le titre est nul par défaut de formes, et au sous-acquéreur dont le titre est antérieur au Code, et à leurs héritiers. Or, voici quels sont ces principes :

Le titre nul par défaut de formes, ne peut servir de base à la prescription de dix et vingt ans (2267 Cod. civ.); la prescription qui court, au défaut de celle-ci, est celle de trente ans, dont il est question dans l'art. 2262 ; mais, dit l'art. 2281, « les prescriptions commencées à l'époque de la publication » du présent titre (25 mars 1804), seront réglées » conformément aux lois anciennes. Néanmoins » les prescripions alors commencées, et pour lesquelles il faudrait encore, suivant les anciennes » lois, plus de trente ans, à compter de la même » époque, seront accomplies par ce laps de 30 ans.»

D'après la loi antérieure, la prescription ne s'accomplissait, pour les domaines nationaux, que par quarante ans. « La prescription, dit l'art. 36 du » décret du 22 novembre-1er décembre 1790, aura » lieu à l'avenir pour les domaines nationaux, *dont* » *l'aliénation est permise par les décrets de l'Assemblée nationale*, et tous les détenteurs d'une » portion quelconque des domaines qui justifieront » en avoir joui par eux-mêmes ou par leurs auteurs, » à titre de propriétaire, publiquement et sans » trouble, pendant quarante ans continuels, à » compter du jour de la publication du présent décret, seront à l'abri de toute recherche. »

Les domaines nationaux, dont *l'aliénation était permise par les décrets de l'Assemblée nationale*, étaient en général tous les domaines nationaux, hors ceux qui, par une exception expresse, se trouvaient réservés. Les décrets postérieurs à celui du 22 nov.-1er déc. 1790, qui ont réuni des biens au domaine national, et dont nous avons cité les principaux dans l'examen de la première question, déclarant applicables à ces biens réunis les lois qui gouvernaient le domaine, il s'ensuit que l'art. 36 sus-énoncé, et qui fut en vigueur jusqu'à la publication du Code, régit également ces derniers biens, et, par conséquent, est général pour tous les biens nationaux.

D'après ce qui précède, les prescriptions accomplies en faveur des premiers acquéreurs, des sous-acquéreurs, dont le titre serait postérieur à la publication du Code et de leurs héritiers, ne le seraient donc qu'en 1830.

Voyons maintenant quelle prescription profiterait au sous-acquéreur, dont le titre est postérieur à la publication du Code. Si, par l'art. 2267, le Code a prohibé la prescription de dix et vingt ans, en faveur de celui dont le titre serait nul par défaut de formes, par l'art. 2265, il a établi cette prescription en faveur de tout acquéreur de bonne foi et à juste titre, et ces règles gouvernent les biens nationaux, comme les autres (2227); d'où il résulte que celui qui acquiert de bonne foi et à juste titre, d'un acquéreur dont le titre était nul par défaut de formes, peut, pourvu que son titre à lui-même ne soit pas entaché d'une nullité semblable, invoquer la prescription de dix et vingt ans, que le premier acquéreur n'était point en droit de réclamer.

Les auteurs du Code, avec raison, n'ont point pensé que cette décision fût contraire au principe que nul ne peut transmettre plus de droits qu'il n'en a lui-même; car dans ce cas, le sous-acquéreur ne tient point son droit du premier acquéreur. Il faut bien se rappeler que le sous-acquéreur a le choix entre deux modes de prescriptions : il peut venir, par représentation de son auteur, joindre son temps de possession au temps de ce dernier (2235 Cod. Civ.), et alors il ne prescrit que de la même manière que celui-ci eût pu le faire ; ou bien il peut commencer lui-même la prescription, s'il le juge plus avantageux (1) ; et, ayant alors une cause de prescription à lui propre, il ne succède point aux vices de son auteur, parce qu'il ne prescrit pas en vertu d'une transmission de droit : car le titre consenti par celui qui n'est point propriétaire, ne transmet pas la propriété, mais seulement la possession ; et l'acquéreur, étranger au titre de propriété de son vendeur et n'ayant pas contre lui l'obstacle qui résulte de ce titre, se trouve dans la règle générale qui admet la prescription de dix et vingt ans en faveur du possesseur de bonne foi et à juste titre (2).

---

(1) Sous-acquéreur de bonne foi et à juste titre, j'ai acheté d'un premier acquéreur dont le titre était nul par défaut de forme. Si ce premier acquéreur avait vingt-un ans de possession, il m'est plus avantageux de lui succéder à la prescription de trente ans ; mais s'il n'avait que dix-neuf ans de possession, il m'est plus avantageux de commencer moi-même la prescription de dix ans, pourvu que celui contre lequel court la prescription n'ait point d'absence à opposer.

(2) Si la loi du 22 nov.-1 déc. 1790, en établissant la prescription pour les biens nationaux, a rejeté à leur égard cette distinction admise dans le droit romain, dans la plupart de nos coutumes pour les biens privés, admise postérieurement dans le Code pour tous les biens en général, cela ne prouve point que les au-

2e DISTINCTION.

Entre ceux contre lesquels court la prescription.

Pour voir quels sont ceux contre lesquels court la prescription, relativement aux biens compris dans les aliénations nationales nulles par défaut de for-

---

teurs de la loi intermédiaire aient méconnu les principes qui ont dirigé les auteurs des autres lois. Mais des circonstances importantes ont pu, lors de cette loi intermédiaire, empêcher de faire l'application de ces principes.

Dans le moment où tout l'État était pour ainsi dire en convulsion, éprouvant des changemens continuels, où chacun, sorti de sa sphère, pouvait concevoir et réaliser les idées de la plus grande fortune, où la cupidité privée trouvait un champ vaste, ouvert devant elle, où la surveillance du gouvernement rencontrait tant d'entraves, où dès-lors les biens de l'État risquaient plus d'être usurpés, où d'ailleurs, le moment de la revente étant si proche de celui de la vente, le sous-acquéreur pouvait être facilement instruit de la position du premier acquéreur, il fut bien alors de ne pas accorder à l'un plus de faveur qu'à l'autre, et d'exiger des deux le même temps pour la prescription.

Mais lorsque l'État fut plus tranquille, lorsque les particuliers se furent classés, lorsque la cupidité privée eut moins de moyens de se satisfaire, lorsque la surveillance du gouvernement en eut plus pour prévenir les usurpations, lorsqu'en outre il se fut écoulé un assez grand laps de temps pour que le nouvel acquéreur pût être présumé ne pas connaître les circonstances relatives à la première vente, on dut enfin admettre de nouveau pour la prescription une distinction entre l'acquéreur dont le titre était nul par défaut de forme et le sous-acquéreur, accorder à celui-ci plus de faveur qu'à celui-là, en un mot, rétablir les principes, dont on ne s'était écarté que contraint par une force majeure.

mes, souvenons-nous de ce qui a été dit dans l'examen de la troisième question.

Si l'on adopte l'opinion que tout bien national provenant de confiscation et dont l'aliénation serait nulle n'a pas été compris dans les remises, il est évident que c'est toujours contre l'État que courra la prescription.

Si, au contraire, on pense que le bien mal aliéné a été compris dans les remises, on sent qu'il faudra distinguer, entre les biens non remis et les biens remis, que pour les premiers la prescription aura toujours couru contre l'État, et que pour les seconds la prescription aura couru contre l'État jusqu'au moment de la remise, et depuis ce moment contre ceux à qui la remise aura été faite.

La différence qui en résulterait pour le temps de la prescription, c'est que lorsqu'elle commencerait à courir contre les anciens propriétaires ou leurs ayant-cause, comme n'étant pas encore acquise au moment de la remise, il faudrait, pour toutes les prescriptions, prendre en considération les causes suspensives dont nous avons parlé plus haut en traitant de la prescription qui courrait contre les biens compris dans des aliénations faites par la nation non propriétaire, et pour la prescription de dix et vingt ans doubler les années pendant lesquelles les individus auxquels les biens sont remis auraient été absens depuis la remise; tandis qu'à l'égard de l'État ces obstacles n'ont point lieu, puisque, d'une part, les causes suspensives, dont il est question, n'existent pas relativement à ses biens, et que, d'autre part, il est toujours censé présent partout (1).

Il s'élèverait encore, relativement aux remises, une question subsidiaire, celle de savoir de quel jour les individus auxquels profiteraient les remises seraient censés rentrés dans la propriété, et, par conséquent, de quel jour il faudrait avoir égard aux considérations que je viens d'indiquer. Serait-ce du jour de la publication de chaque loi de remise en général? serait-ce du jour de l'envoi en possession de chaque bien en particulier?

Aux principes que je viens d'établir sur la prescription, on pourrait faire l'objection suivante : L'acquéreur dont le titre est entaché de nullité n'a pas besoin de la prescription à l'effet d'acquérir; il lui suffit que la nullité ne soit pas demandée dans le temps

---

(1) Aux lois citées plus haut, qui règlent la prescription d'une manière générale, il faudrait encore ajouter plusieurs lois suspensives qui en retardent le terme pour certains biens.

Par exemple, déc. du 1-6 juillet 1791, qui décide que « la pres» cription contre la nation, pour raison des droits corporels ou » incorporels dépendans des biens nationaux, est et demeure sus» pendue depuis le 2 nov. 1789 jusqu'au 2 nov. 1794, sans qu'elle » puisse être alléguée pour aucune partie du temps qui se sera » écoulé pendant le cours desdites cinq années. »

D. du 20-20 août 1792 qui, tit. 3, art. 2, applique aux droits corporels et incorporels appartenant à des particuliers la disposition du décret précédent.

Loi du 27 oct. 1796 (6 brum. an 5), dont l'art. 2 suspend toute prescription contre les défenseurs de la patrie, et autres citoyens attachés au service des armées de terre et de mer.

limité par la loi, temps qui aujourd'hui se trouverait passé pour presque tous les actes ; car, dit l'art. 1304 du Code civil, « dans tous les cas où » l'action en nullité ou en rescision n'est point li» mitée à un moindre temps par une loi particu» lière, cette action dure dix ans. »

Pour répondre à cette objection, établissons d'abord clairement les espèces différentes que régissent l'article 1304, placé sous la rubrique des actions en nullité ou en rescision, et les articles 2262 et 2265, insérés sous la rubrique de la prescription à l'effet d'acquérir. Le premier concerne le propriétaire qui a été partie dans l'acte : ce propriétaire peut seulement pendant dix ans, sous l'empire du Code, intenter *l'action en nullité ou en rescision* de l'acte qu'il a souscrit. Les autres concernent le propriétaire qui n'a point souscrit d'acte : on ne peut lui objecter que la possession seule ou la possession soutenue du titre consenti par un autre ; et alors il est en droit, suivant notre Code, de former, ou pendant trente ans dans le premier cas, ou pendant dix ans et vingt ans dans le deuxième, non point l'action en nullité ou en rescision de l'acte, mais *l'action en revendication du bien ;* et lorsque, *par exception*, on lui opposera un titre nul, il répondra par une autre exception, *par réplique*, qu'un tel titre ne peut servir de base à la prescription de dix et vingt ans (2267), et ne laisse que celle de trente ans (2262), et que la nullité peut en tous temps être opposée par voie d'exception.

On voit donc au premier coup-d'œil que, dans tous les cas, l'objection ne frapperait que sur une classe d'aliénations, sur celles qui ont été faites par la nation propriétaire sans l'observation des formes exigées par la loi, et non sur celles qui ont été faites par la nation non propriétaire, puisque dans ces dernières, le propriétaire n'était point partie dans l'acte.

Mais, même relativement aux premières, on va voir que l'objection tomberait également à faux.

L'art. 1304, même sous l'empire du Code civil, n'est point applicable aux biens nationaux. Inséré dans le Code, il régit seulement, ainsi que toutes les autres dispositions de ce Code, les actes entre particuliers. Lorsque le législateur a voulu que les dispositions du Code fussent applicables à la nation, il a dû le dire, et il l'a dit en effet, d'une manière expresse; comme, par exemple, dans l'art. 2227, qui applique aux biens nationaux les dispositions placées sous la rubrique de la prescription à l'effet d'acquérir, titre qui règle la prescription, en ce qu'elle concerne la possession des biens, mais non en ce qu'elle concerne l'attaque des actes entre parties; cet art. 2227 est donc un article d'exception, et par conséquent de droit strict, et la règle générale se trouve dans l'article 537, qui assujettit à une législation particulière les biens autres que les biens privés.

Cette législation particulière est exprimée dans le décret, déjà cité, du 22 novembre-1er décembre 1790, qui, comme toute autre loi, doit continuer à nous gouverner dans celles de ses dispositions non abrogées par une loi postérieure ; et ce décret, ainsi qu'on peut le voir par ses deux derniers Considérans, et par son art. 36, ne permettait dans aucun cas d'argumenter contre la nation d'une autre prescription que de celle de quarante ans.

Veut-on prétendre que le Code a abrogé cette loi, ce qui n'est point, et que l'art. 1304 est applicable aux actes faits avec la nation aussi bien qu'à tous autres? On va voir que, même appliqué aux aliénations de biens nationaux, cet art. 1304 ne lèverait point les difficultés.

D'abord il est évident que, d'après la règle de la non-rétroactivité, il ne pourrait régir les actes faits antérieurement à la publication du Code ; et c'est précisément dans ceux-ci que se trouvent les nullités.

Ensuite, il ne concernerait pas les nullités qui proviendraient de l'omission des formalités nécessaires pour représenter la nation ; car, dans les actes qu'on peut arguer de ces nullités, la nation, n'ayant pas été représentée, n'a pas été partie dans l'acte, n'a point fait d'acte, et intenterait l'action en revendication, et non l'action en nullité.

Enfin, relativement aux autres nullités, il faut observer que cet article dit que « les temps ne » courent, dans le cas d'erreur ou de dol, que du » jour où ils ont été découverts ; » et ces cas sont les plus fréquens.

Cet aperçu imparfait suffit, je pense, pour montrer de combien il s'en faut que le temps de la prescription soit acquis par tous les détenteurs de biens d'origine nationale, et combien, dès-lors, on aurait tort de chercher dans l'exception de prescription un argument contre la proposition d'une nouvelle loi.

CINQUIÈME QUESTION.

Quelle loi devrait être portée pour prévenir toute action ou toute exception contre les actes d'aliénation de propriétés nationales?

Si je ne me suis point trompé dans la solution des questions précédentes, je crois que la solution de celle-ci se trouve dans sa position, je crois qu'il faudrait une nouvelle loi, qui déclarerait, 1° « que » tout bien aliéné nationalement, c'est-à-dire, par » la nation ou au nom de la nation, jusqu'à ce » jour, est, par le seul fait de cette aliénation, » considéré comme national et déclaré légalement » aliéné (p. 12); 2° que les irrégularités dans les » caractères extérieurs qui constituent un acte ad- » ministratif, ne peuvent être objectées contre les » minutes ou contre les expéditions des actes d'a- » liénation nationale (p. 19), et que le manque de » caractères intrinsèques ne peut l'être contre les actes » mêmes (p. 25 et suiv.); que les lois précédentes » n'ont jamais compris dans les remises ou restitu- » tions aux anciens propriétaires (p. 44 et suiv.) les

» biens mal aliénés, le droit d'opposer contre les » aliénations aucune cause de nullité, de rescision, » de déchéance ; 4° que l'Etat, resté pour tous les » biens seul propriétaire de ce droit, y renonce » expressément à l'égard de toutes les aliénations, » les ratifie toutes, et les proclame inattaquables » pour la forme comme pour le fond. »

Ou mieux, je crois que cette loi devrait être rédigée en deux mots, ainsi qu'il suit : *En matière d'aliénations nationales précédemment faites, possession vaut titre.*

Cette loi préviendrait, outre les difficultés détaillées dans cette dissertation, deux autres difficultés qu'il est bon d'énoncer.

La première, qui a été indiquée fin de la première partie de la deuxième question, concerne le cas fréquent où l'enchère aurait eu lieu sur une mise à prix inférieure à celle que fixait la loi, et où l'on essayerait d'attaquer la vente pour cette cause.

La deuxième est relative à une des conditions de la vente, au paiement, et n'a pas été prévue dans les lois sur les décomptes, où elle eût trouvé naturellement sa place. Elle se présente souvent ; voici en quoi elle consiste : plusieurs lois (1) ont déclaré

---

(1) Voyez notamment L. du 13 mai 1795, art. 2 et 4. — L. du 7 mars 1797 (17 vent. an 5), art. 1. — Arrêté du gouvernement consulaire du 22 fév. (3 vent.), art. 1 et 2. — Et L. du 5 mai 1802 (15 floréal an 10).

que la déchéance aurait lieu *de plein droit, et par le seul du défaut de paiement*, contre les adjudicataires de biens nationaux qui n'auraient pas soldé les termes échus dans les délais fixés. Or, il est arrivé fréquemment que les paiemens des acquéreurs ont été reçus après l'expiration desdits délais. On pourrait dire à ces acquéreurs que la vente était résiliée par la seule expiration du délai; que, pour demeurer adjudicataires, ils auraient eu besoin d'un nouvel acte de vente; que l'officier qui avait le pouvoir de recevoir le paiement d'une vente valide, n'avait pas celui de rétablir une vente dont la déchéance était prononcée, pas plus qu'il n'avait celui de ratifier une vente entachée de nullité; que le paiement fait par les acquéreurs déchus de leurs aliénations ne les a pas maintenus dans des adjudications qui n'existaient point, pas plus que le paiement fait par des acquéreurs dont les actes d'acquisition étaient nuls n'a ratifié ces actes; que, par tous ces paiemens, les acquéreurs ont été simplement constitués créanciers de l'État; qu'ainsi, ils peuvent être dépossédés, sauf à eux, s'il y a lieu, à réclamer le montant des paiemens qu'ils ont effectués.

C'est pour obvier à ces deux difficultés que dans le deuxième article de ce projet de loi, après ces most de *aucune cause de nullité*, j'ai ajouté, *de rescision ou de déchéance*.

Contre cette nouvelle loi, on objecte que les acquéreurs de biens nationaux seraient ainsi plus favorisés que les acquéreurs de biens privés.

Eh ! qu'importe ? lorsque l'intérêt de l'État l'exige impérieusement ! Sans doute, une pareille loi eût été injuste à porter au moment des ventes ; sans doute, elle le serait à porter maintenant, pour les ventes futures ; sans doute, elle eût été alors et serait encore dangereuse à porter pour l'avenir ; car, portée pour l'avenir, elle aurait eu, comme elle aurait encore, l'effet d'encourager les négligences et les fraudes, en promettant l'exécution des actes où elles se trouveraient; mais, portée pour le passé, vers la confirmation duquel doivent tendre toutes les lois, tous les actes du gouvernement, cette loi devient à la fois, et juste et utile : *juste*, parce que la propriété actuelle, consacrée par le temps et par les mutations de propriétaires, doit être respectée; *utile*, parce que la propriété actuelle ne saurait être ébranlée sans que cet ébranlement ne se communiquât à tout l'Etat.

En convenant de ces vérités, on ajoute : Toutes les formalités eussent-elles été lésées, toutes les lois laissassent-elles à la nation et aux anciens propriétaires le droit d'intenter des actions contre les premiers acquéreurs ou contre les tiers détenteurs, les aliénations seraient encore garanties par une loi plus puissante que toutes les autres, par celle de la nécessité.

A l'égard du gouvernement, je crois bien qu'il sera toujours convaincu de cette vérité palpable, que les aliénations de biens nationaux ne peuvent être attaquées ni en masse ni en particulier, ni pour le fond ni pour la forme : mais je crois aussi fermement qu'il est bon de donner une garantie de cette conviction.

A l'égard des anciens propriétaires, si, d'après le texte des lois, on devait décider ce que j'ai laissé en suspens, d'une part que le droit d'attaquer les aliénations faites induement par la nation, a toujours appartenu aux anciens propriétaires, et d'autre part, que les aliénations entachées de nullité ont été comprises dans les remises, comment pourrait-on empêcher les actions de leur part ? et une fois l'action formée, sait-on quelle serait, soit présentement, soit plus tard, la décision des juges, ce mot étant pris *lato sensu* pour désigner les membres de tous les corps devant lesquels on soumettrait les questions relatives aux biens nationaux ?

A ce sujet on allègue que, s'il n'existe pas de loi positive, il existe une jurisprudence fixe.

Jurisprudence fixe ! En unissant ces deux mots, réfléchit-on bien à leur alliance ? Je ne vois pas qu'ils puissent se trouver ensemble. S'il est vrai que la décision de toute question dépend de l'opinion individuelle de chaque juge; s'il est vrai que les juges d'aucune espèce ne peuvent décider par voie réglementaire, car alors ils ne seraient plus juges, mais législateurs ; s'il est vrai qu'ainsi la solution de chaque question peut varier suivant les divers juges, et même en des temps différens suivant les changemens d'opinion des mêmes juges : n'en résulte-t-il pas que le mot *de jurisprudence* entraîne nécessairement à sa suite l'idée de *variabilité*, qu'une jurisprudence ne saurait être fixe, que toute jurisprudence, de quelque quantité d'arrêts qu'elle se compose, laisse toujours planer l'incertitude, même sur les questions qu'elle paraît avoir le plus formellement décidées ?

A-t-on même, sur ces questions, une jurisprudence uniforme ? La négative est hors de doute, et je crois superflu d'entrer dans des citations de décisions ou d'arrêts, qui, n'étant point *lois*, ne pourraient être d'aucun poids dans une discussion sur l'insuffisance des lois présentes, et sur la nécessité d'une nouvelle.

FIN.

www.ingramcontent.com/pod-product-compliance
Ingram Content Group UK Ltd.
Pitfield, Milton Keynes, MK11 3LW, UK
UKHW031937260826
14628UKWH00004B/1689

9 782012 396043